JOGOS DE PODER

Dados Internacionais de Catalogação na Publicação (CIP)
(Câmara Brasileira do Livro, SP, Brasil)

Fexeus, Henrik
　Jogos de Poder : métodos simpáticos para influenciar as pessoas / Henrik Fexeus ; tradução de Daniela Barbosa Henriques. – Petrópolis, RJ : Vozes, 2016.

　Título original: The power games – friendly methods for getting your way all the time

　3ª reimpressão, 2018.

　ISBN 978-85-326-5285-0

　1. Autoconhecimento (Psicologia) 2. Influências – Aspectos psicológicos 3. Persuasão (Psicologia) I. Título.

16-04331　　　　　　　　　　　　　　　　　　CDD-158.1

Índices para catálogo sistemático:
1. Autoconhecimento : Psicologia aplicada　158.1

HENRIK FEXEUS

JOGOS DE PODER

MÉTODOS SIMPÁTICOS PARA INFLUENCIAR AS PESSOAS

Tradução de
Daniela Barbosa Henriques

VOZES
NOBILIS

© Henrik Fexeux, 2013. Por intermédio da Grand Agency, Suécia, e Vikings of Brazil Agência Literária e de Tradução Ltda., Brasil.

Título original sueco: *Maktspelet – Sympatiska Tekniker för att Bestämma över Allt och Alla*
Traduzido a partir do inglês: *The Power Games – Friendly Methods for Getting Your Way All the Time*

Direitos de publicação em língua portuguesa – Brasil:
2016, Editora Vozes Ltda.
Rua Frei Luís, 100
25689-900 Petrópolis, RJ
www.vozes.com.br
Brasil

Todos os direitos reservados. Nenhuma parte desta obra poderá ser reproduzida ou transmitida por qualquer forma e/ou quaisquer meios (eletrônico ou mecânico, incluindo fotocópia e gravação) ou arquivada em qualquer sistema ou banco de dados sem permissão escrita da editora.

CONSELHO EDITORIAL

Diretor
Gilberto Gonçalves Garcia

Editores
Aline dos Santos Carneiro
Edrian Josué Pasini
Marilac Loraine Oleniki
Welder Lancieri Marchini

Conselheiros
Francisco Morás
Ludovico Garmus
Teobaldo Heidemann
Volney J. Berkenbrock

Secretário executivo
João Batista Kreuch

Editoração: Gleisse Dias dos Reis Chies
Diagramação: Sheilandre Desenv. Gráfico
Revisão gráfica: Fernando Sergio Olivetti da Rocha
Capa: Idée Arte e Comunicação

ISBN 978-85-326-5285-0 (Brasil)
ISBN 978-91-37-13993-7 (Suécia)

Editado conforme o novo acordo ortográfico.

Este livro foi composto e impresso pela Editora Vozes Ltda.

Dedico este livro ao meu filho Milo, que só tem dois anos, porém já sabe mais sobre a arte de combinar um charme adorável com o exercício inflexível de poder do que a maioria das pessoas saberá na vida. As técnicas deste livro são para o resto de nós, que não sabemos fazer bolinhas de sabão e rir ao mesmo tempo.

Mas também...

Para quem sempre achou que o poder parece sujo, desagradável e prejudicial, mas não consegue deixar de pensar que também deve ser muito útil. E talvez até meio sexy.

E também...

Para todos os jogadores que passam muito tempo na vida lutando pelo controle. Controle sobre alguma coisa. Qualquer coisa. Seja ela uma nave espacial, um time de futebol ou pássaros num estilingue. Encare este livro como um game pad da vida real. Vamos jogar!

COMEÇAR
NOVO JOGO

PODER – a habilidade de influenciar o
comportamento dos outros

JOGO – reposicionamento estratégico de
vários objetos com a intenção expressa
de conseguir um resultado específico

JOGOS DE PODER – a habilidade
de influenciar estrategicamente o
comportamento dos outros para conseguir
o resultado desejado

JOGOS DE PODER

Número de jogadores: 1 (e todo mundo)

Dificuldade: Fácil – Expert

Tempo: 5 minutos – o resto da sua vida

Sumário

AS REGRAS DOS JOGOS, 15

PRIMEIRO JOGO: *MECCANO* MENTAL, 25
16 técnicas para fazer as pessoas acreditarem em você

1.1 REPITA ATÉ QUE SE TORNE VERDADE, 29

1.2 FAÇA PARECER VERDADE, 32

1.3 NÃO OFEREÇA DEMAIS, 37

1.4 CUIDADO COM OS MAXIMIZADORES, 39

1.5 QUANDO ALGUÉM SE ANTECIPA A VOCÊ, 42

1.6 MOSTRE FRAQUEZA PARA GANHAR FORÇA, 45

1.7 ATENDA AS NECESSIDADES BÁSICAS DAS PESSOAS, 48

1.8 FORTALEÇA OU MUDE OPINIÕES, 55

1.9 MUDE OPINIÕES USANDO A DISTRAÇÃO, 57

1.10 MODELE A AUTOIMAGEM DOS OUTROS, 60

1.11 MOSTRE ÀS PESSOAS QUE ELAS JÁ ESTÃO FAZENDO, 63

1.12 CONTROLE O GRUPO..., 65

1.13 ...MESMO QUE NÃO EXISTA GRUPO, 67

1.14 DICAS DE PRESTÍGIO NAS PONTAS DOS DEDOS, 69

1.15 CONTROLANDO O PRESTÍGIO, 73

1.16 CRIE O CLIMA, 76

SEGUNDO JOGO: JOGOS DE PALAVRAS, 83
16 estratégias para fazer as pessoas ouvirem você, e só você

2.1 ENCONTRANDO MAIS PALAVRAS PARA A MESMA COISA, 87

2.2 COMECE NO MESMO LADO, 89

2.3 "E" EM VEZ DE "MAS", 91

2.4 INVERTENDO O "MAS", 95

2.5 MAIS SOBRE CAUSA E EFEITO, 99

2.6 CONFUSÃO – OU O QUÊ?, 103

2.7 USANDO VOCÊ DO JEITO CERTO, 106

2.8 QUANTO MAIS FICAMOS JUNTOS, 110

2.9 COMO OUVIR CORRETAMENTE, 111

2.10 QUANDO NÃO HÁ NADA A DIZER, 114

2.11 A QUESTÃO É O QUE ESTÁ EM FOCO, 116

2.12 ROMPENDO O PADRÃO, 118

2.13 ACOMPANHAMENTO E CONDUÇÃO, 121

2.14 UMA MANOBRA COMBINADA, 126

2.15 SENSIBILIZE CORAÇÕES E MENTES, 129

2.16 PALAVRAS A EVITAR, 133

TERCEIRO JOGO: MANOBRAS RELACIONAIS, 139
20 formas de conquistar o amor das pessoas

3.1 INFLUÊNCIA POR *POST-IT*, 144

3.2 DANDO E RECEBENDO FURTIVAMENTE, 146

3.3 AINDA MAIS PESSOAL, 149

3.4 PODER ATRAVÉS DA SEMELHANÇA, 153

3.5 CRIE COM SUPOSIÇÕES, 156

3.6 SABER QUANDO CONCORDAR, 158

3.7 RELACIONAMENTOS ATRAVÉS DA EMPATIA, 161

3.8 O VALOR DO CUMPRIMENTO, 164

3.9 LEMBRE-SE DAS COISAS PEQUENAS, 167

3.10 FAÇA ELOGIOS SINCEROS, 170

3.11 O PODER DE PEDIR AJUDA, 175

3.12 OBTER AJUDA E SER APRECIADO, 179

3.13 AGRADEÇA!, 182

3.14 QUANDO VOCÊ MORRER, 184

3.15 REPRESENTE O MUNDO INTERIOR DAS PESSOAS, 187

3.16 CONVENCENDO PESSOAS DIFERENTES, 193

3.17 RECONHECENDO UMA NEGATIVA NÃO VERBAL, 198

3.18 GESTOS DE CONFORTO E ANSIEDADE, 202

3.19 SINAIS DOS LÁBIOS E DA BOCA, 206

3.20 ESPAÇO É PODER, 209

QUARTO JOGO: BATALHA CONTRA O CHEFÃO!, 215
12 métodos para tirar as pessoas do seu caminho

4.1 O ESCUDO MENTAL, 220

4.2 INTERROMPA E ASSUMA O CONTROLE, 224

4.3 QUANDO AS COISAS ESQUENTAM, 230

4.4 CUIDADO COM BARREIRAS, 236

4.5 DEIXE AS PESSOAS VENCEREM PRIMEIRO, 240

4.6 COISAS QUE VOCÊ NUNCA DEVE DIZER, 242

4.7 FIQUE NEUTRO, 245

4.8 CADA CABEÇA, A MESMA SENTENÇA, 248

4.9 OBJETIVIDADE NA CHANTAGEM, 253

4.10 DUAS BOAS MANEIRAS DE NEUTRALIZAR ATAQUES, 256

4.11 A GUERRA DO PODER, 258

4.12 O MELHOR PLANO B, 262

NÍVEL MAIS AVANÇADO!, 269

As regras dos jogos

não é um jogo...
Nihilumbra

Schhhhhh...

Perdão por sussurrar. Entre. Estou muito feliz por ver você aqui. Na verdade eu esperava mesmo que você apareceria aqui. Alguém viu você vindo para cá? É melhor dar uma olhada antes de continuar e ter certeza.

Sozinho?

Muito bem.

Bem-vindo!

Se estiver lendo, é sinal de que conseguiu adquirir um exemplar deste livro. Se for o caso, gostaria de lhe dar os parabéns. Enquanto escrevo, não sei o que acontecerá quando o livro for publicado. Alguém poderá comprar todos os exemplares e queimá-los. Ou poderá causar tanta controvérsia na mídia que as lojas vão se recusar a vendê-lo. Se algo assim acontecer, existe um motivo. Pouca gente desejará que você leia este livro.

O seu chefe é um, definitivamente. E, se você for o chefe, os seus funcionários tampouco vão querer que você leia. Basicamente, qualquer pessoa que leve vantagem em ser superior a você preferirá que você não leia. Como os caras do outro departamento, que concorrem com você pelos mesmos recursos do orçamento. Ou a garota que está de olho no bonitão da turma em quem você também está interessada.

Isso se aplica sobretudo aos políticos, pessoas que trabalham com *lobbying* e outros que ganham a vida fazendo você concordar com eles. Não estou tentando criticar essas atividades. Essas pessoas são muito ambiciosas nas tentativas de conquistar você. O seu diretor provavelmente participou de aulas de oratória para aprender teorias complicadas sobre *páthos* e *lógos*, e aquela agência publicitária deve ter investido muita grana em pesquisas sobre psicologia da propaganda. Tudo para convencer você melhor.

E aí um livro assim aparece e estraga tudo.

Este livro inclinará a balança ao seu favor. Não importa se você for vendedor, advogado, garçom, professor, cuidador, gerente estratégico, estudante ou encantador de cães, a minha meta é ajudá-lo a dominar a arte de conseguir o que quer, e não o que os outros querem. Deixe-os envolvidos em aulas e pesquisas. Atividades assim podem ser interessantes e divertidas, mas não são realmente necessárias. Mais fácil é parar de ser um seguidor e tornar-se um líder.

Todos os jogos têm atalhos ocultos, e os Jogos de Poder não fogem à regra. Os *videogames* e os jogos de computador mais antigos tinham modos secretos ocultos para vencer, truques secretos que os programadores incluíam sem publicá-los. As técnicas que você aprenderá neste livro funcionam da mesma maneira. Os Jogos de Poder são principalmente um grupo de atalhos conectados à psicologia humana, mas conhecidos por poucos. Esses atalhos parecem completamente inocentes em princípio. É preciso estudá-los com atenção para perceber o seu poder. Nunca gostei de dificultar as coisas além do necessário. Na verdade, não gosto de dificultar nada. E, em relação aos Jogos de Poder, já temos um arsenal enorme de técnicas fáceis ao nosso dispor. Os Jogos de Poder seguem o mesmo princípio dos atalhos que os programadores ocultavam nos antigos *videogames*: resultados máximos com esforços mínimos.

Ao contrário de muitas outras técnicas das áreas de influência e persuasão, esses truques psicológicos são absolutamente indetectáveis. Os jogos que você conhecerá neste livro voam fora do alcance dos radares mentais das pessoas e funcionam em âmbito subconsciente. Explico: o seu ego consciente é a parte da sua mente que está concentrada no que você está lendo agora. Ocupa-se principalmente com o pensamento racional, análise e aprendizagem. O seu subconsciente, por outro lado, é a parte da sua mente onde as emoções e as memórias são guardadas. As técnicas mais comuns para exercer o poder miram sobretudo nas partes conscientes da mente, o que explica a sua ineficiência na maior parte do tempo. Ao contrário, você e eu desviaremos de toda análise e resistência consciente e usaremos um *joystick* invisível para controlar os aspectos internos dos outros que realmente importam neste contexto: emoções e comportamento.

Entendo perfeitamente se você me disser que se sente meio envergonhado por aprender a jogar os Jogos de Poder em benefício próprio ou que está olhando em volta para garantir que ninguém está vendo qual livro você está lendo. Parece muito manipulador, afinal, quem sabe até antiético? Além disso, está certo agir "em benefício próprio"? Compreendo que palavras como "poder" e "jogos de poder", ainda que pareçam um pouco sedutoras, também evoquem ideias de coerção, opressão diária e homens gordos e autoritários. Nesse caso, você está pensando num modo ultrapassado, negativo e comparativamente ineficiente de exercer poder.

A palavra "poder" tem uma reputação muito ruim. Dizem que o poder sempre corrompe quem o detém. O professor de Psicologia Philip Zimbardo reforçou essa ideia espetacularmente na década de 1970 ao realizar uma experiência em que alunos selecionados aleatoriamente representaram os papéis de "prisioneiros" e "guardas". Após algumas horas, os "prisioneiros" estavam sendo submetidos a elaboradas torturas psicológicas pelos "guardas" – que na verdade eram seus amigos! A única diferença é que, de repente, eles tinham sido autorizados a exercer poder sobre os outros. É claro que isso nem sempre é expresso tão dramaticamente. Qualquer um que já tenha visto dois colegas de turma selecionarem as equipes na aula de educação física deve ter testemunhado pessoalmente um abuso de poder. Recentemente eu mesmo observei isso quando um menino de dez anos tornou-se administrador do servidor do pai, passando a ter o poder de decidir quais amigos da escola seriam autorizados a se conectar no jogo *online* que todos jogavam. Foi como algo saído de *O senhor das moscas*.

A pesquisadora norueguesa Linda Lai, que estuda o poder, determinou que cerca de setenta a oitenta por cento de todos que são autorizados a influenciar o comportamento dos outros abusarão do privilégio ou pelo menos cometerão atos questionáveis. Mas tudo isso se refere aos usos clássicos e ultrapassados do poder. A diferença entre isso e os Jogos de Poder que você aprenderá é como a noite e o dia. Nos Jogos de Poder, quero oferecer uma alternativa muito mais construtiva àquele tipo de poder corruptor. Até onde sei, é uma abordagem inteiramente nova ao poder. Não nego que os Jogos de Poder são, como o nome sugere, jogos. Tem o poder quem vence. Mas, quando você vence os Jogos de Poder, da maneira como você e eu entenderemos, todos também se sentem vencedores. Ninguém se sente usado, e todos sentem que estão obtendo o que desejam (embora eles estejam obtendo principalmente o que você quer). Isso levará você a ter um estilo único de poder que faz todos os envolvidos se sentirem mais fortes e positivos do que antes de você jogar os Jogos de Poder com eles. Se isso lhe parecer contraditório, é simplesmente porque ninguém teve o trabalho de explicar a *verdadeira* natureza do poder para você.

As técnicas que discutiremos são todas partes da nossa maneira natural de agir e nos comunicar. Os Jogos de Poder baseiam-se em dois princípios:

Primeiro, uma compreensão profunda dos modos pelos quais influenciamos os pensamentos e o comportamento dos outros sempre que nos comunicamos. As nossas palavras, linguagem corporal e os pensamentos que provocam sempre disparam mecanismos psicológicos nas pessoas com quem conversamos. É essencial conhecer tais mecanismos e saber acioná-los para conquistar o que se quer.

Segundo, a convicção de que qualquer tipo de influência é mais eficiente se for combinada com respeito pelos outros, valorizando os interesses deles como você valoriza os seus. Neste livro, sempre enfatizarei que o verdadeiro poder é exercido *através* dos outros, não *sobre* os outros. Isso significa que grande parte dos Jogos de Poder envolverá os outros de modo que lhe deem o que você quer ou levem você para onde você quiser porque eles assim o desejam, genuinamente, e não porque você os hipnotizou ou pressionou.

O erro mais comum que as pessoas cometem ao tentar exercer poder é prestar atenção a somente um desses dois aspectos. Poderiam se concentrar no segundo, agradando e sendo aquela pessoa que é atenciosa com as necessidades dos outros, mas nunca se impõe. Podemos chamar essas pessoas de Kryten, em homenagem ao empregado robótico da série de TV *Red Dwarf*.

Ou, o que é mais comum, apenas prestam atenção ao primeiro princípio, tentando acionar os mecanismos psicológicos certos. Isso causa todo tipo de problema envolvendo poder. Se você já tiver presenciado o uso desagradável do poder ou se alguém tiver escolhido você por último de propósito para integrar a equipe, só porque podia, já conheceu alguém assim. Vamos chamar essas pessoas de George.

Dominando um sólido conhecimento prático dos dois princípios, você poderá ser um jogador muito melhor dos Jogos de Poder do que Kryten, George ou qualquer um dos seus clones.

Se você já tiver dado uma olhada em algum dos meus livros anteriores, saberá que eu já explorei todas essas áreas. Na verdade fiz mais do que as explorar: peguei uma lanterna e investiguei as nossas cavernas psicológicas ao máximo. Eu achava que já tinha entendido isso tudo. Mas, apesar de tudo que aprendi sobre comportamento, influência e mecanismos da mente, levei vários anos para perceber que todas essas peças poderiam se agrupar num sistema único e prático: os Jogos de Poder.

Acho que esse sistema nunca foi descrito, talvez por ser tão difícil de enxergar. Você precisa dar um passo para trás. Os Jogos de Poder não estão ocultos nas profundezas da caverna, onde aqueles que estão em busca do Santo Graal da influência parecem procurar. Os Jogos de Poder *são* a caverna.

Para mim, isso representa uma nova abordagem ao que escrevi antes. *Jogos de Poder* não é um complemento aos meus livros anteriores; são esses livros que complementam *Jogos de Poder*. Já que você chegou a esta primeira rodada dos jogos e acha que está entendendo, gostaria de aconselhá-lo a não continuar a leitura, e sim voltar a eles. Pegue na estante o seu exemplar amassado de *A arte de ler mentes* ou *Quando você faz o que eu quero*. Talvez você os encare de um modo totalmente novo agora,

20

como eu (e, se você não os tiver, acabei de dar um ótimo motivo para comprá-los).

Quero concluir esta introdução falando se é ou não necessário jogar os Jogos de Poder. "Não quero jogar, quero ser quem eu sou." Esse tipo de afirmativa baseia-se num conceito errado. Neste contexto, "jogar" não significa que você deva agir como se fosse outra pessoa, ou representar, apenas significa que você está agindo de modo deliberado e bem fundamentado. É como jogar xadrez, e não um *cosplay*.

Sempre que você encontra outras pessoas, acaba num tipo peculiar de relacionamento com elas no qual se comunica de modos específicos e estabelece regras para tomar decisões, além de regras que ditam quem deve receber prioridade nas opiniões. Nesse sentido, você já está jogando os Jogos de Poder, assim como todos os demais, em todos os encontros.

É claro que você pode tentar não participar desses jogos, mas o problema é que, ainda assim, você seria arrastado para eles. Basta que os outros joguem os Jogos de Poder para que você seja automaticamente envolvido, não importa a sua vontade. Porém, você sempre tem uma escolha. Você pode aceitar o papel que os outros lhe derem ou assumir o controle da situação. Os Jogos acontecerão de qualquer maneira sempre que as pessoas se comunicarem. A questão é simplesmente como você deseja que elas procedam. Depende de você. Você deixa os outros decidirem por você ou você decide por eles.

Tudo bem, talvez essa última parte tenha parecido meio dura para você.

Mas lembre: se for você a exercer o poder, poderá usá-lo para quaisquer objetivos que desejar. As técnicas dos Jogos de Poder são meras ferramentas. Serem usadas para o bem ou para o mal depende do que você fará com elas. É claro que dar aquele risinho maligno enquanto cria planos insanos para dominar o mundo é divertido, mas você obterá resultados muito mais rápidos se as outras pessoas estiverem rindo com você. Quando conhecer as técnicas deste livro, você notará que os Jogos de Poder atingem o máximo de eficiência quando usados para criar um clima – no trabalho, na escola ou na sua família – que estimule a colaboração e decisões coletivas, onde todos se sintam bem e contribuam. Enquanto isso, você também poderá ficar atento às pessoas que estejam começando a se transformar em Kryten ou George, tentando usar técnicas de poder ruins e opressoras, assim você conseguirá impedir a concretização de tais tentativas antes que se deem conta do que está ocorrendo.

Ou você pode usar os Jogos de Poder para construir aquela base subterrânea numa ilha vulcânica que sempre quis. Tem lá as suas vantagens, é claro. Você decide.

Para deixar as coisas bem simples e claras para você, selecionei o que considero as sessenta e quatro melhores técnicas dos Jogos de Poder. Para esclarecer ainda mais, eu as agrupei em quatro minijogos individuais: como acionar mecanismos psicológicos que causam estados mentais específicos; como usar certos padrões linguísticos para influenciar os pensamentos dos outros; como criar um ambiente social que faça os outros desejarem ajudar você; e, finalmente, como agir quando alguém decidir atrapalhar você. Esses minijogos acontecerão simultaneamente na vida real, mas será mais fácil se falarmos sobre um de cada vez.

Também tentei descrever essas sessenta e quatro técnicas do jeito mais realista, prático e conciso possível. Teremos de explorar as questões psicológicas e filosóficas mais profundas em outra ocasião. Este livro é um manual puramente prático. Os Jogos de Poder integram a vida real, a vida que você vive quando não está com o nariz enfiado num livro. Em outras palavras, quanto mais rápido você conseguir se livrar destas páginas, melhor.

Logo você dará os primeiros passos nestes jogos. Primeiro, porém, preciso resumir as regras destes jogos em algumas frases: 1) Os Jogos de Poder fornecem técnicas poderosas para obter uma margem estratégica, além de ferramentas para impedir que os outros dominem situações em que você esteja. 2) Um componente interno dos Jogos de Poder é que, quando você os joga nos níveis mais avançados, as pessoas *querem* que você ganhe. Você também se divertirá muito mais do que o seu chefe.

Fechou direito aquela porta?

> **Ei, ei, ei, está na hora... Pronto?**

Vamos lá!
Crazy Taxi

PRIMEIRO JOGO

MECCANO MENTAL

16 técnicas para fazer as pessoas
acreditarem em você

Você não conhece a sua própria mente!
Rainha de Copas, Alice: Madness Returns

Olhe para a frente, para um futuro distante depois de você já ter lido este livro e já estar usando diariamente as técnicas que aprendeu. Examinemos a sua fantasia secreta, em que todos sempre fazem o que você quer sem questionar. Consegue ver o que você está fazendo? Consegue ver que está... influenciando os outros? Jogar os Jogos de Poder é, em grande parte, uma questão de fazer exatamente isso.

Dizem que a influência é uma arte, mas não é verdade. Como vários pesquisadores já ressaltaram, é uma ciência. E isso é bom para nós, porque significa que não é necessário ser um mestre manipulador nato com algum dom para influenciar. Embora pessoas assim existam, nós podemos aprender facilmente a fazer o mesmo, estudando os resultados científicos. E, graças a todo o trabalho árduo envolvido nessa área de pesquisa, aprendemos fatos novos sobre influência e comportamento o tempo todo.

Nesta parte, você aprenderá como explorar diferentes mecanismos psicológicos que existem nas pessoas, desde como os nossos órgãos sensoriais interpretam as informações até a nossa forma de reagir a certas ações e estruturar as nossas opiniões. As técnicas que usaremos para influenciar esses mecanismos não se limitam à ciência, também são as melhores técnicas disponíveis para obter vantagem nos Jogos de Poder.

Quando ler as páginas seguintes, você provavelmente perceberá que muitas dessas técnicas são simples senso comum, o que absolutamente não as desabona. Na verdade, é o oposto: o motivo que as faz parecerem óbvias para você é que se baseiam numa compreensão fundamental da psique humana. É o que as faz parecerem tão conhecidas: você reconhece o próprio comportamento nelas. Mas, quando isso acontecer, lembre-se de que nenhuma dessas técnicas era óbvia para você antes de eu tê-las indicado. É ótimo reconhecê-las, significa que você já sabe que elas funcionarão. Você somente precisa saber como funcionarão para poder usá-las ainda melhor.

Então, o que essas técnicas oferecem? A resposta simples é: a habilidade de criar verdades. Há muitas pessoas competindo com você em busca da atenção do mundo, achando que os projetos, ideias ou sugestões delas são melhores do que os seus. Essas pessoas adorariam calar você, porém apostar quem grita mais é inútil. É por isso que aqui você saberá como influenciar as opiniões dos outros para que achem a sua mensagem verdadeira e relevante. Você saberá como ser aquele que os outros escolhem ouvir por saberem que está certo. Note a relação inversa: os seus concorrentes escandalosos convenceram-se de que estão certos (e acreditam que isso é um motivo suficiente para os outros concordarem), enquanto você usará as técnicas para convencer *os outros* de que você está certo, o que é o primeiro passo para que façam o que você quiser.

1.1 Repita até que se torne verdade

Não é algo que a maioria goste de admitir, mas costumamos basear as nossas opiniões no que os outros pensam, já que levaríamos muito tempo para julgar tudo. Assim, tomamos um atalho. Buscamos observar o que a maioria ao nosso redor pensa, o que parece ser a norma, e depois acreditamos que essa deve ser a melhor opção. Quanto mais pessoas conhecidas pareçam gostar de alguma coisa, é mais fácil para nós tomar as nossas decisões. Se a maioria parecer gostar de *macarons*, provavelmente estaremos prontos para provar e também apreciar, como a maioria.

Mas a questão é: Quantas pessoas precisam sustentar certa opinião para considerarmos um caso de "maioria"? Infelizmente, tendemos a ter uma ideia muito vaga do número de vezes em que ouvimos ou vimos certa ideia expressa. Não nos preocupamos em saber exatamente quantas vezes ouvimos que *Mr. Show* é uma série de TV tragicamente desconsiderada. Ao contrário, fazemos suposições fundamentadas no reconhecimento que temos dessa declaração. É assim que funciona o nosso raciocínio: se uma ideia for muito conhecida, deve ser porque a ouvimos inúmeras vezes, o que provavelmente significa que é verdade, afinal, todas aquelas pessoas que nos disseram isso não podem estar erradas. A expressão "X milhões de Y não podem estar errados", que se consolidou na cultura popular graças à canção que foi sucesso em 1927, "Fifty Million Frenchmen Can't Be Wrong", sendo usada em todos os tipos de contextos diferentes desde então, satiriza exatamente essa ideia errônea (se quiser aprender uma expressão sofisticada, isso se chama *Argumentum ad populum* na área do raciocínio lógico, sendo definido como a crença equivocada de que algo é verdadeiro simplesmente porque muita gente acha que é).

Parar de pensar por si mesmo somente porque um número suficiente de pessoas concorda com algo não parece muito inteligente. Contudo, seguir o fluxo da opinião pública não é, de fato, uma estratégia horrível, por isso continuamos a usá-la. O nosso cérebro não deseja gastar muita energia à toa e, historicamente, tem sido mais comum que a maioria prevaleça. A maioria se agasalha na neve. A maioria preserva um sistema judicial. Tudo bem, às vezes a maioria vota em Hitler ou lê *Cinquenta Tons de Cinza*, mas essas ocasiões são raras o bastante, e estamos preparados para discordar, ainda que possamos ser ridicularizados por quem aprendeu uma terminologia latina sofisticada.

Adequar os nossos pensamentos ao que reconhecemos (ou seja, ao que a maioria diz) não seria um problema se ouvíssemos pessoas que de fato entendessem do tópico em questão, por exemplo, prestando atenção às opiniões de físicos nucleares e especialistas em energia no que se refere a força nuclear. O problema é que não somos suficientemente seletivos com as nossas fontes. Se ouvirmos algo com frequência suficiente, assumimos que é a norma coletiva, portanto algo ao qual devemos nos adequar. *Não nos damos ao trabalho de questionar quem está falando.* Reconhecer a mensagem é muito mais importante para a nossa formação subconsciente de opiniões do que a fonte.

Até a repetição da mensagem é mais importante do que o número de pessoas que a estejam repetindo. E este é o ponto: para registrarmos uma opinião ou comportamento como a norma coletiva, basta que *uma pessoa* os exponha, contanto que essa pessoa os repita numa frequência suficiente.

A única coisa à qual o nosso cérebro reage ao determinar se alguma coisa é ou não a norma é o grau de familiaridade da informação, e ele não diferencia cinquenta pessoas dizendo a mesma coisa uma só vez de uma pessoa repetindo-a cinquenta vezes. Os publicitários sempre seguiram esta máxima: algo dito um número suficiente de vezes passará a ser verdade. As pesquisas na área de psicologia captaram isso apenas recentemente e perceberam que os publicitários estão certos.

O que isso significa? Quando quiser que o máximo possível de pessoas façam ou pensem em alguma coisa, você deve repetir a sua mensagem de forma escrita e falada o maior número de vezes que puder. Assim, você mesmo poderá estabelecer uma norma coletiva. Naturalmente, como você gostaria de fazer isso com certo grau de sofisticação, certifique-se de variar as frases que usar para não parecer um disco arranhado. Se alguém o confrontar e disser que você está sendo repetitivo, isso não necessariamente será o fim do mundo. As pessoas continuarão achando que você está de acordo com a opinião da maioria se virem a sua ideia ou ouvirem você expressando-a frequentemente. Elas nem perceberão que "a maioria" na verdade é você. Ao menos em princípio. Depois que a percepção geral for a de que você está promovendo o que "todo mundo pensa" ou o que "todo mundo está fazendo", todos começarão a concordar e fazer o mesmo, porque é isso o que todo mundo parece estar fazendo.

Um bônus é que a minoria que ainda discorde (como aqueles que percebem que o *macaron* é um doce superestimado com gosto de papel) começará a pensar que há algo errado com ela, calando as próprias opiniões contrárias para evitar constrangimento.

É uma técnica excelente para produzir um comportamento novo no grupo ou fazer as pessoas pararem de agir como antes. A consolidação de uma norma coletiva, repetindo-a até que se torne verdade, é mais um projeto a longo prazo do que a tentativa de influenciar uma única pessoa. Por outro lado, o esforço vale a pena (pergunte a qualquer grupo lobista).

Apenas lembre-se de recuar ao anonimato depois que o trabalho tiver sido feito.

1.2 Faça parecer verdade

Se quiser que os outros ouçam você, é preciso convencê-los de que a sua mensagem é verdadeira. Está provado que *quanto maior a facilidade com que captamos as informações que nos apresentam, maior a probabilidade de as considerarmos verdadeiras.* Quando você repete uma mensagem, é exatamente isso que acontece. As informações ficam mais fáceis de serem processadas por causa da familiaridade vinda de repetições anteriores. Entretanto, há várias outras maneiras de facilitar o processamento de informações, consequentemente aumentando a veracidade percebida do que você tiver a dizer. Apresentarei algumas das melhores técnicas.

(Antes de continuarmos, uma pequena advertência: não estou sugerindo que você use esse método para transformar mentiras em verdades, embora seja possível. Já existe gente demais fazendo isso. Se você enganar as pessoas, fazendo-as acreditar que os seus sapatos ruins são os melhores do mundo, elas simplesmente nunca mais comprarão os seus sapatos. Por outro lado, conseguir turbinar o que já é uma boa mensagem sempre é útil. Se você realmente estiver vendendo os melhores sapatos do mundo, seria ótimo fortalecer ao máximo essa mensagem, empregando as técnicas a seguir. No fim das contas, já existem muitas pessoas fazendo estardalhaço sobre os sapatos ruins que estão vendendo.)

Pronúncia fácil

A primeira coisa a pensar é como nomear o seu projeto imperdível, um xampu novo ou aquela invenção revolucionária. O nome ou o título que você está apresentando são fáceis? Nomes únicos e divertidos são legais, mas um nome estranho pode prejudicar a credibilidade. Por exemplo, tendemos a acreditar que suplementos dietéticos com nomes difíceis de pronunciar (como Hnegripitron) devem ser modismos ou até perigosos, ao contrário de suplementos com nomes mais fáceis de pronunciar (como Magnalroxato). Essa diferença na percepção de credibilidade foi demonstrada numa pesquisa em que nenhum dos participantes havia ouvido falar nessas substâncias (portanto, não tinha outras noções preconcebidas). Eles nunca tinham ouvido falar nessas substâncias porque elas foram inventadas. Uma palavra menos complicada, como Magnalroxato, aciona mecanismos de reconhecimento em nós, mesmo nunca tendo ouvido essa palavra específica antes. Isso ocorre porque nos *lembra* de outras coisas que ouvimos antes. "Magnal" nos lembra de coisas como magnésio e magno, "-ato" é um sufixo comum em nomes químicos (como nitrato), e existem mais boates chamadas "Roxy" do que imaginamos. Acho que você entendeu. Por isso essa palavra parece mais conhecida do que algo como Hnegripitron, que soa totalmente estranha, talvez como o nome de algum Transformer rejeitado. Acreditamos mais no que reconhecemos e atribuímos graus mais altos de risco e incerteza ao desconhecido. (Numa visão mais ampla, isso explica muito por que um número alarmante de pessoas no mundo todo votam em partidos separatistas e nacionalistas nas eleições.)

O princípio do reconhecimento pode ser usado para fazer novos conceitos que ninguém ouviu falar parecerem verdadeiros e confiáveis, simplesmente lhes atribuindo nomes reconhecíveis.

Por outro lado, se você espera que a viagem de aventura que está tentando vender ou o passeio que acabou de incluir no seu parque temático pareçam um pouco mais exóticos, faz sentido lhes dar um nome meio estranho para enfatizar que são algo fora do comum. Em situações assim, parecer estranho é um ponto positivo, não uma fraqueza. Então, se você trabalhar como agente de viagens e quiser despertar uma sensação de aventura no seu cliente, não chame a sua viagem pela selva mexicana de algo comum, como "Viagem na Selva". Ao contrário, chame de "Jornada ao Templo de Teotihuacán".

Quem entendia isso muito bem era o escritor de obras de terror H.P. Lovecraft, cujos mitos monstruosos cativaram a imaginação de inúmeros leitores de todo o mundo desde o início do século XX até hoje. Um dos elementos que fortalecem as obras de Lovecraft são os nomes estranhos que ele atribuiu aos seus deuses monstruosos. Quando apresentou ao mundo nomes como Cthulhu, Yog-Sothoth e 'Umr at-Tawil, quase um século atrás, eles eram diferentes de tudo o que era conhecido. Pareciam novos, exóticos – e até meio perigosos.

Rima

Eis uma outra técnica para fazer algo parecer verdade, sempre usada nos comerciais de rádio: palavras que rimam. (É outro caso em que a indústria publicitária chega à conclusão certa muito antes dos acadêmicos começarem a entender a questão.) Psicólogos e especialistas em memória sabem há tempos que é mais fácil lembrar as coisas quando as conectamos a outras coisas em nossa mente. Se conseguirmos integrar informações novas aos processos de pensamento que já ocorrem na mente, será mais fácil lembrar. Palavras que rimam constituem exatamente esse tipo de conexão mnemônica. Canções e melodias funcionam da mesma maneira. Como diz o antigo princípio publicitário: "Se não tiver nada para dizer, diga com uma música".

Como eu falei, isso não é novidade. A descoberta aqui é que associações mnemônicas não apenas ajudam a lembrar melhor as coisas, mas também a acreditar nelas! E isso acontece pelo simples motivo de que a rima ou melodia musical facilita o processamento de informações. É claro que nem todo mundo admitiria isso. As mesmas pessoas que concordaram nas pesquisas que as rimas obviamente não são capazes de deixar uma afirmação mais verdadeira consideraram, mais tarde, afirmações contendo rima ("Anzol sem isca, peixe não belisca") mais confiáveis do que outras, sem rima ("Anzol sem isca, peixe não morde"), embora o significado fosse exatamente o mesmo!

Legibilidade

Você expressará a sua mensagem em imagens ou palavras? Não importa se você estiver preparando um informativo para uma assembleia anual de acionistas ou um cartaz para o mural da cantina da escola, existe outra ferramenta ao seu dispor: a apresentação visual. É fácil de ler? Você está usando letras simples sobre um fundo que ofereça bom contraste? Essas coisas precisam estar claras, porém não costuma ser o caso, considerando como é comum as pessoas cometerem o erro de aplicar todo e qualquer efeito ilustrativo nos documentos. Sempre existe a tentação de incluir todas as cores do arco-íris, usar uma fonte tipográfica espetacular e contorcer o título numa espiral, mas cada pirotecnia gráfica incluída diminuirá as chances de você ser levado a sério.

Dizem que o desenho mais legível de todos são letras pretas sobre fundo amarelo. Pense em diferentes situações em que você já tenha visto textos ou placas assim.

Exatamente.

São usados em avisos de autoridades: cartazes em quartéis militares, usinas de energia, placas de trânsito etc. Seria coincidência que essa combinação de cores é usada sempre que existe a expectativa de obedecermos sem questionar?

Não deixe que as pessoas entendam sozinhas

Na psicologia de vendas, dizem que devemos deixar o cliente pensar nos próprios motivos para comprar o seu produto. Diz a teoria que as opiniões do próprio cliente são muito mais persuasivas do que as do vendedor. Por esse motivo, pode parecer uma estratégia astuta começar com a explicação de que há muitas razões para o cliente escolher os seus utensílios de cozinha ou serviços de tecnologia da informação, e não aqueles oferecidos pela concorrência, e depois deixar o cliente pensar no máximo possível de razões. Quanto mais razões pensadas pelo cliente, mais convencido ele estará, certo?

Entretanto, isso contradiz o princípio da informação de fácil acesso. É difícil imaginar motivos quando somos solicitados, e não me refiro apenas a motivos para o seu produto ser bom, quero dizer motivos em geral.

Por isso não surpreende que as pessoas solicitadas a pensar em apenas um motivo para algo ser bom convençam-se mais do que as pessoas solicitadas a pensar em dez motivos para a mesma coisa. Você pode usar esse conhecimento para vencer os seus concorrentes e rivais, basta usar a psicologia reversa. Peça ao seu futuro cliente, pretendente ou colaborador para pensar em dez motivos para escolher o concorrente, e não você. Parece fácil, mas a pessoa terá dificuldade para pensar sozinha em tantos motivos. (A não ser que você seja muito inferior, mas, nesse caso, você estaria lendo outro livro.) Quando a pessoa perceber, começará a considerar o seu concorrente mais fraco do que considerava antes. "Não consigo nem pensar em dez motivos? Deve ser porque ele não é tão bom quanto eu achava."

Depois, basta demonstrar a sua superioridade, dando dez motivos bem formulados para escolher você.

Se forem motivos com rima, então... Melhor ainda!

1.3 Não ofereça demais

Ao oferecer uma escolha a alguém, quanto mais opções você der, melhor, certo? Se você fabrica computadores, provavelmente está tentando participar de todos os mercados possíveis, oferecendo um modelo para usuários que assistam a filmes, outro para quem trabalha em escritórios, outro para usuários domésticos e outro para o público fissurado em jogos (e, para completar, disponibilizando cada modelo em cinco versões diferentes, com vários tamanhos de monitor e disco rígido). Se estiver se lançando num grupo de projetos, você pode tentar atender todas as preferências, preparando várias versões da sua sugestão: uma com orçamento mais restrito, outra que termine mais rápido e mais outra em que tudo é feito em água-marinha.

Numa situação com muitas opções disponíveis, ninguém acha que você está tentando persuadi-lo a fazer uma escolha específica. Ninguém precisa escolher a opção mais lucrativa para você. Ao contrário, todos estão livres para escolher o que acharem melhor, considerando as próprias necessidades específicas. A oferta de mais opções é um modo de respeitar o desejo das pessoas de decidirem por si mesmas, além de facilitar a tomada de decisão.

Pelo menos é o que diz a teoria popular.

O problema é que opções demais tendem a nos deixar perplexos. Corremos o risco de desistir e nunca escolher. Isso ficou claro para a Proctor & Gamble, fabricante de produtos de cuidado com a pele e cremes dentais. Em certa ocasião, ela ofereceu de uma vez só vinte e seis (!) variedades do xampu Head&Shoulders

e percebeu que a linha não estava vendendo bem, apesar de terem tido o cuidado de oferecer um xampu para cada tipo de cabelo imaginável. Ao remover onze das variedades, deixando "apenas" quinze, as vendas de repente aumentaram em dez por cento. Ficou mais fácil escolher entre as variedades. Do mesmo modo, um estudo investigativo revelou que, ao estarem diante de vinte e quatro tipos de geleia numa loja, somente três por cento dos clientes compraram. O número de compradores aumentou drasticamente para trinta por cento quando apenas seis variedades de geleia foram oferecidas.

No esforço de mostrar que estamos preparados para todas as eventualidades, às vezes oferecemos opções demais que podem nos prejudicar. Acontece comigo diante da indecisão dos meus filhos sobre o que devem jogar num sábado de manhã: "Há pelo menos uns cem jogos de Playstation naquela gaveta, o Wii está bem ali e vocês também têm os jogos DS... E estão me dizendo que não têm jogos? O que está acontecendo???"

Tendemos a nos sentir profissionais e inteligentes quando oferecemos muitas opções. Porém, a verdade é que, se quiser que alguém escolha uma das suas sugestões, e não a de outra pessoa, você reduzirá as suas chances a cada nova opção que apresentar. Ao contrário, você deve fazer o que aquela loja fez com as geleias. Tenha a coragem de limitar o número de opções que você oferece. Assim, será bem mais provável que os outros façam o que você quiser.

1.4 Cuidado com os maximizadores

A técnica anterior de envolver mais as pessoas, dando-lhes menos opções, não significa que você não deva dar opção nenhuma. Entretanto, você precisa considerar um número de opções que seja manejável. Certas situações enfatizarão ainda mais a importância de refletir sobre quantas opções deve-se oferecer. Algumas pessoas são o que chamamos de "maximizadoras". Elas costumam sentir a necessidade de conquistar o melhor resultado possível em todas as situações. Um maximizador jamais se contenta com algo meramente razoável, ele sempre exige o melhor. Mas, quando essas pessoas recebem opções demais, as suas capacidades deliberativas sofrem uma sobrecarga, o que as faz sentirem-se muito menos à vontade do que se tivessem recebido menos opções. (Você sabe como é difícil escolher um eletricista, que dirá um plano de previdência privada!)

Embora grande parte da população seja de maximizadores, nem todos são. O problema é que pode ser difícil saber quem é. Além disso, a maioria das pessoas é maximizadora em certas situações, mas não em outras, o que gera ainda mais confusão.

Se você quiser apresentar várias opções, cada uma com vantagens e desvantagens diferentes, dirá coisas complicadas como: "Poderíamos elaborar uma proposta mais simples, porém seria mais demorado, ou poderíamos fazer de acordo com as especificações, mas ficaria mais caro e, por outro lado, poderíamos seguir uma direção totalmente diferente e nos concentrar exclusivamente na extensão..." Em situações assim, uma boa ideia é monitorar as expressões faciais da pessoa com quem você conversa.

Algumas sugestões serão recebidas com um sorriso, enquanto outras provocarão um leve alçamento dos cantos internos das sobrancelhas, o que é um sinal clássico de preocupação. Prestando atenção a esses sinais, você conseguirá perceber quais sugestões estão agradando e que devem, portanto, ser alongadas, e quais sugestões não valem a pena.

E ainda que todas as sugestões até o fim da lista causem expressões emocionais discretas, mas negativas, isso não significa necessariamente que a pessoa em questão desgoste delas. Você também pode estar lidando com um maximizador que esteja se sentindo sobrecarregado com o número de opções. Você precisa perceber a situação para saber se deve apresentar as sugestões de modo a parecerem mais atraentes ou eliminar metade delas. A melhor maneira de descobrir é perguntar: "O que você acha da oferta de todas essas opções?"

A resposta revelará exatamente o que é preciso fazer. Falarão que apreciam a variedade ou que metade de tantas opções seria suficiente. Depois disso, você pode se adaptar à resposta que receber em todas as suas futuras reuniões com essas pessoas. O seu objetivo é que elas sintam que você está sendo atencioso, não que está bombardeando-as de informações.

Mas suponha que você não queira fazer essa pergunta. Ou que você queira que eles realmente considerem todas as suas opções e não esteja preparado para eliminar nenhuma delas. Se você desconfiar de que a pessoa com quem esteja negociando é um maximizador, é possível usar outra estratégia brilhante e perfeitamente indetectável. Eu inclusive aconselho você a usar essa técnica sempre que for possível: não apresente todas as opções de uma vez só. Em vez de apresentar nove opções de uma vez, apresente três, e deixe-os selecionar a melhor dessas três. Depois, apresente outras três e deixe-os escolher a melhor outra vez. Então, apresente as três últimas e deixe-os escolher a melhor mais uma vez. Finalmente, reúna as três opções que escolheram e deixe-os selecionar a favorita entre as três melhores. Ao fazer isso, você garante que nunca precisem escolher entre mais de três opções, mesmo sendo nove, no total.

Essa é uma forma muito útil de facilitar o manejo de muitas informações. Você não sobrecarrega o maximizador e também evita o descarte de algumas das opções.

1.5 Quando alguém se antecipa a você

O fato de você poder tornar alguma coisa verdadeira, repetindo-a várias vezes, deixando-a acessível (através da escolha de palavras, uso da rima e de clareza), sem apresentar opções demais, pode lhe causar alguns problemas sérios – quando alguém usa essas técnicas antes de você! Pode ser muito difícil modificar uma mensagem de modo a adequá-la aos seus objetivos se alguém já tiver aceitado essa mensagem. Você sabe como isso funciona. Pense numa situação em que você leu ou ouviu uma notícia sensacional que virou o assunto mais comentado por vários dias, mas, algum tempo depois, foi desmentida, não sendo exatamente o que parecia no começo. Estou certo de que você se lembra bem de várias histórias assim, mas não deve lembrar exatamente o que estava errado nas reportagens iniciais. Provavelmente você só lembra que era... alguma coisa.

Um desmentido jamais consegue a mesma atenção da história inicial, porque nunca é tão sensacional quanto a história que nega. Por isso não é incomum esquecê-lo após um tempo e depois dar muito crédito à notícia inicial, caso a reveja, porque você a reconhece. Isso não acontece porque você é bobo, mas sim porque a mensagem inicial leva uma vantagem inicial psicológica por ser repetida nos jornais e entre o seu círculo de amigos. Ela se torna conhecida demais para você abandoná-la inteiramente.

Um bom exemplo disso foram os rumores sobre a morte do ator Morgan Freeman que se espalharam pela Internet no outono de 2012. Tudo foi logo desmentido, já que foi um boato publicado numa página de notícias falsas. Porém, isso não impediu a imprensa sueca de relatar a sua morte, mesmo um bom tempo depois do desmentido.

Suponhamos que alguém já tenha divulgado uma mensagem que você deseje negar ou fazer os outros questionarem. Nesse caso, você está partindo de uma posição desvantajosa. O modo mais comum de compensar isso é tentar elaborar os seus contra--argumentos da maneira mais precisa possível para que quem os ouça ou leia *não consiga deixar de constatar que você está certo*. Essa estratégia é comum em editoriais bem escritos dos jornais. Infelizmente é um desperdício de esforço, já que muito poucos destinatários lembrarão o ponto discutido, assim como você não se lembra dos exatos detalhes do artigo que o editorial está refutando.

O que você pode fazer, todavia, é apresentar as suas informações com as mesmas técnicas usadas pelo outro lado. Não quero dizer simplesmente usar os métodos de repetição, acessibilidade e clareza, mas usá-los *exatamente do mesmo modo* em que foram usados para transmitir a mensagem que você está tentando negar. Use a mesma tipografia que usaram na campanha, use uma foto parecida com aquela que o seu chefe usou no *e-mail* coletivo e toque a mesma música de fundo que tocaram no comercial. Divulgue nos mesmos canais que o seu oponente usou: se tiver sido uma campanha publicitária, o patrocínio de um festival ou a disputa de um cargo, faça o mesmo. Basicamente, a sua mensagem precisa recordar as pessoas da outra e aparecer ao máximo em lugares semelhantes. Assim você estabelecerá uma ligação mnemônica entre a primeira mensagem, já consolidada, e a nova.

Movimentos sociais importantes costumam expressar as suas mensagens na forma de paródias dos seus oponentes: um logotipo corporativo é redesenhado ou uma nova versão de uma campanha publicitária famosa é feita (como os fenômenos de *adbusting* na década de 1990, quando *outdoors* publicitários eram modificados para transmitir uma mensagem negativa). É possível que as pessoas que redesenharam o logotipo em forma de marisco da Shell, transformando-o numa caveira, ou fizeram a campanha que associava as palavras "Nós enganamos. Você acredita.", da rede Fox News, considerassem as suas atividades um comentário social pós-moderno, sem pensar muito nos efeitos psicológicos. Porém, elas usaram as ferramentas exatas para enraizar as suas mensagens e alcançar um grande número de pessoas.

Ao desenhar a sua mensagem de modo parecido com a mensagem que você contradiz, os destinatários farão associações à mensagem anterior enquanto captam a sua mensagem. Isso beneficia você de várias maneiras. Por um lado, você atingirá o mesmo público-alvo com as suas informações, já que está usando os mesmos canais. Por outro, as pessoas se lembrarão da sua mensagem sempre que virem a original. Isso significa que cada gota de esforço que o seu oponente derramar para divulgar a própria mensagem também servirá para distribuir a sua (que ficará cada vez mais ancorada na memória do destinatário sempre que a ligação mnemônica for repetida). Seja uma mensagem política, uma declaração fatual ou uma tentativa de vender alguma invenção, esse método pode ser usado para minar completamente a campanha consolidada e cuidadosamente planejada de alguém. E pelo exato motivo de se esforçarem tanto.

A Shell que o diga.

1.6 Mostre fraqueza para ganhar força

Há dois lados para tudo. O que você quer que as outras pessoas façam não tem apenas aspectos positivos, quase sempre também há um lado negativo. A impressora que você deseja vender tem uma fraqueza ou outra, o projeto do trabalho exigirá que a pessoa com menos disposição trabalhe horas extras e a sua pimenta poderá parecer picante a ponto de ser intragável para alguns após a sua generosa aplicação daquele molho extraforte. Na ultrapassada e desajeitada luta pelo poder, a tática era tentar fazer o negativo parecer insignificante ("Tudo bem, haverá horas extras, mas pense em como será bom quando tudo acabar!"), agir como se nada estivesse acontecendo ("Horas extras? Não estou sabendo de nada.") ou ser autoritário ("É, haverá horas extras. Se não gostar, talvez seja bom pensar se este é o emprego certo para você.").

Agir assim só vai irritar as pessoas e causar insatisfação. É melhor ser esperto e admitir para si mesmo os aspectos negativos antes que a pessoa com quem você esteja conversando tenha tempo de perceber.

"Esta impressora é extremamente pequena, quase minúscula, o que significa que não consegue armazenar muita tinta."

"Sei que este projeto, infelizmente, exigirá horas extras."

"Esta pimenta poderia ser um pouco menos picante."

Acreditamos mais em quem admite os possíveis aspectos negativos – especialmente quando existem coisas que talvez não tenhamos percebido sozinhos. Essa confiança também se propaga ao que você estiver discutindo. O vendedor de carros que aponta as falhas de um automóvel que o cliente está olhando conquistará a sua confiança, tanto em relação a si mesmo quanto ao carro, que de algum modo parece mais confiável agora que não haverá surpresas desagradáveis à espera.

E, se você começar a conquistar a confiança de alguém sem tentar esconder os pontos negativos, será mais fácil convencer essa pessoa das outras qualidades fantasticamente superiores do seu produto.

Esse princípio se aplica em âmbito geral, a respeito da reputação de uma empresa, por exemplo, como também a situações pessoais e particulares. Se quiser que as pessoas acreditem no seu negócio, você pode fazer o que a L'Oreal faz no seu *slogan*, que de cara revela a fraqueza dos seus produtos. O seu famoso "Porque você merece" na verdade é uma reformulação da frase original "Somos caros, mas você merece." Se estiver se candidatando a um emprego e o seu currículo apenas mencionar a sua excelência em tudo, chamarão você para menos entrevistas do que chamariam se você tivesse tido a coragem de revelar as suas fraquezas. (Observe que essa técnica somente funciona se os aspectos negativos forem poucos e compensados pelos positivos. Se o lado ruim de um carro for uma combustão espontânea após 100km, não adianta ser divertido dirigi-lo nos primeiros 99km. E talvez seja melhor não mencionar que você terá um ataque histérico se o seu café não estiver pronto ao chegar ao trabalho de manhã, mesmo mencionando que é de manhã que você tem o melhor desempenho no trabalho.)

Se o seu objetivo for conquistar a confiança das pessoas e ser considerado favorável, não importam os traços negativos que você admita ter. Mas por que se contentar com isso? Por que não aproveitar a oportunidade e *melhorar* a percepção que as pessoas têm de você (ou da sua empresa ou produto)? O que você descreve como negativo pode ser revertido em seu benefício, parecendo ser, na realidade, *bom*. Parece absurdo, eu sei. Mas tudo é uma questão de como encarar as coisas.

Você consegue essa transformação mágica, conectando o aspecto negativo a um positivo *dentro do mesmo domínio* para retirar o ferrão do negativo. Em 1914, quando Henry Ford decidiu que apenas venderia os seus Fords modelo T na cor preta, foi um retrocesso em relação às quatro cores que oferecia antes (nenhuma delas era a cor preta). Quem estivesse querendo comprar um carro verde ou cinza teria ficado muito decepcionado se Henry não tivesse explicado que a tinta preta era mais barata, o que reduzia o preço, além de ter uma qualidade melhor do que a tinta usada antes.

Se o ponto negativo é que a sua impressora armazena somente metade de tinta em comparação à impressora do concorrente, você pode rebater, mostrando que a sua usa apenas um décimo da tinta para imprimir o mesmo número de páginas. Se o ponto negativo for o número de vinte horas extras neste mês, lembre a todos que, após o fim do projeto, a equipe estará livre de centenas de horas de trabalho extra no restante do trimestre. Se o seu currículo diz que você tem dificuldade para aceitar as coisas como elas são, você deve acrescentar que isso acontece devido ao seu talento de enxergar possibilidades que os outros ignoram.

E, se a pimenta estiver muito picante, foi por isso que você comprou mais duas garrafas de Amarone.

É como a velha citação do Microsoft Windows: *Não é bug, é um componente.*

1.7 Atenda as necessidades básicas das pessoas

Todas as ações são motivadas pelas mesmas necessidades humanas básicas. Algumas das mais poderosas são as necessidades de *segurança e paz de espírito, poder, integração e aceitação social, sexo e controle*. Se quiser convencer alguém, esteja você vendendo um sistema GPS ou tentando recrutar eleitores para o seu partido, será muito melhor se também conseguir explicar como a sua sugestão atenderá uma ou mais dessas necessidades básicas a favor da pessoa com quem você estiver falando.

Todos nós temos as mesmas necessidades, mas as satisfazemos de modos diferentes, dependendo das nossas diferentes personalidades. É importante entender a pessoa com quem se fala ao explicar como você pode atender as suas necessidades. Não importa a personalidade da pessoa, é disso que você precisa tratar. Se pautar tudo em como você gostaria que as coisas fossem, pode acontecer exatamente o oposto do que deseja. Naturalmente, se não for possível em determinada situação, você não precisa satisfazer todas as necessidades da pessoa com quem estiver falando. Porém, quanto mais puder incluir, mais fortes serão os seus argumentos.

Para exemplificar, gostaria de usar o exemplo mais clássico de persuasão: você está tentando vender um carro. (Afinal de contas, você se saiu tão bem na última técnica!) Veja como mudar a sua abordagem, dependendo de qual necessidade você esteja tentando atender.

Segurança e paz de espírito

Todos nós estamos em algum ponto da escala que vai desde a covardia pura até o total destemor. Uma pessoa pouco corajosa percebe a si mesma como tímida e cautelosa, mas também cuidadosa, sábia, meticulosa e atenta. Uma pessoa corajosa, por outro lado, considera-se destemida, valente, aventureira, audaz e preparada para se defender.

Como a segurança é o mesmo que a ausência de conflito e perigo, primeiro você deve identificar o perigo em não fazer o que você acha que a pessoa deve: "Se não comprar este carro, você estará colocando em risco a segurança de toda a sua família. Por quanto tempo você acha que o freio do seu Toyota Prius vai durar?" Depois, explique como a sua sugestão resolve o problema dela e mexa com a sua autoimagem. Se estiver falando com uma pessoa tímida e cautelosa, diga:

"Não seja tão cauteloso com coisas assim. Se for inteligente, você fará a troca agora, enquanto pode fazer no seu próprio ritmo, com calma, sem cair numa situação em que precisa decidir com pressa porque ficou sem carro de repente."

Se, por outro lado, estiver falando com alguém corajoso, é preciso despertar o seu lado aventureiro e destemido:

"Se mudar agora, você não precisará se preocupar mais com os limites do seu carro velho. Você pode viajar para os Alpes Italianos amanhã e curtir aquela aventura nas montanhas que sempre sonhou."

Poder

Desejamos ser capazes de influenciar os outros e o seu comportamento. Queremos que os nossos filhos façam o que falamos. Queremos que os nossos vizinhos parem de ser tão antipáticos. Queremos que aquela mulher na nossa frente na fila da caixa registradora ande logo. E queremos que o nosso chefe nos note. Tudo isso são desejos de poder que nos cercam. Se você quiser poder sobre os outros (e duvido que você estaria lendo este livro se não quisesse), é uma boa ideia atender as necessidades de poder deles.

As nossas atitudes diante do poder nos posicionam numa escala que varia desde aqueles que desejam liderar até aqueles que desejam seguir. Os líderes se acham empreendedores, motivados, ambiciosos, influentes, esforçados, dominadores e cheios de iniciativa. Os seguidores se consideram humildes, condescendentes, compreensivos, adaptáveis, sem ambição e preocupados com os outros. Não importa o ponto onde o seu cliente esteja ao longo dessa escala, você pode explicar como a sua oferta será útil. Se estiver falando com um líder, você pode satisfazer a sua necessidade de poder assim:

"O preço deste modelo indica que é adquirido apenas por pessoas que trabalharam muito para conquistá-lo. Também é possível perceber isso pela reação dos outros motoristas. Eles respeitarão tanto você que poderão até abrir caminho para você passar."

Para um seguidor, que valoriza mais a aprovação dos outros do que o direito de decidir por si mesmo, diga:

"Quem vai ficar mais feliz quando você contar que tomou essa decisão, a sua esposa ou a sua filha?"

Integração social

Neste caso, a escala de personalidades começa no extremamente sociável e termina no solitário. Os sociáveis se acham calorosos, acessíveis, simpáticos, engraçados e animados. Quem prefere a própria companhia se considera introspectivo, misterioso, sério e talvez meio *emo*. Se o possível comprador do carro for muito sociável, adapte-se, dizendo:

"Não é legal ter um carro onde caiba muita gente? Você pode levar todos os seus amigos para sair!"

Tenha também em mente que pessoas sociáveis costumam fazer coisas pelos outros. Mesmo que você não consiga motivar alguém a comprar um carro novo para si mesmo, a família dele pode precisar.

Você pode explicar para um solitário como as necessidades dele serão atendidas, concentrando-se em outros aspectos:

"Este carro ajudará você a se afastar por um tempo, inclusive tem espaço para vários equipamentos se você quiser acampar ou alugar um chalé."

Aceitação

A aceitação está relacionada à integração social. Algumas pessoas se consideram naturalmente incluídas, não importa o que fazem, enquanto outras são cautelosas e esforçam-se para se adequar ao grupo de modo a não ficarem isoladas. Quem prefere se unir ao grupo se acha inseguro, com baixa autoestima, hesitante e conformado. Quem já é convicto de fazer parte do grupo, ao contrário, tende a se julgar assertivo, confiante, seguro, do tipo que não recua. Pessoas assim não sentem a necessidade de serem aceitas, elas mesmas já satisfizeram essa necessidade. Ao lidar com elas, você precisa satisfazer uma das outras necessidades. Para aqueles que preferem fazer o que todo mundo está fazendo, fale:

"Este é o carro mais popular, é o que todo mundo está comprando agora."

Sexo

Ou, para ser mais preciso, a necessidade de reproduzir e perpetuar a raça humana que todos nós herdamos geneticamente. Afirma-se que a reprodução é a necessidade mais profunda de todas e dita as regras para todas as outras necessidades. Como disse um amigo meu: "Tudo que todos sempre fizeram, todos os quadros já pintados, todas as casas já construídas e toda a obra política já realizada, tudo isso foi feito apenas visando ao sexo. Nós é que perdemos isso de vista". Acho que ele pode estar certo.

No que se refere à reprodução, a escala varia de fissurados em prazer até ascetas. Os fissurados em prazer consideram-se sedutores, românticos, luxuriosos e sensuais, além de acharem que têm um apetite sexual saudável. Os ascetas, por outro lado, julgam-se conservadores, virtuosos, espirituais e intelectuais, além de se considerarem com bom autocontrole (alguns preferem chamá-los de reprimidos sexualmente, mas Freud não vem ao caso agora). O problema com a nossa necessidade de sexo é que a nossa cultura a reprimiu pelos últimos milhares de anos, desde que líderes religiosos e políticos perceberam que o jeito mais eficaz de controlar as pessoas é regulando como (e se) elas fazem sexo. Esse estigma impossibilitou falar sobre sexo de modo tão aberto quanto falar sobre as outras necessidades básicas, mas sempre há alguns aspectos do desejo de reproduzir aos quais você pode pelo menos aludir. Por exemplo, o desejo de encontrar segurança e estabilidade na família que é considerado dominante nas mulheres (não é coincidência que revistas de jardinagem e decoração sejam direcionadas principalmente a elas), o desejo dos homens de procriar tanto quanto for humanamente possível (adivinhe o que significam carros luxuosos e por que são geralmente comprados por homens?) e o desejo de se sentir atraente e viver um romance, que é compartilhado por todos os seres humanos (veja a capa de qualquer livro romântico barato). Você pode dizer coisas sobre esses desejos sem aparentar demais que está falando mesmo sobre sexo e criar uma família.

Você pode dizer para alguém fissurado em prazer:

"Quando tiver o seu próprio carro, você poderá fazer o que quiser. Ninguém vai interferir nos lugares aonde você vai, quantas vezes você vai ou com quem."

Para alguém voltado à família, você pode falar:

"É um carro excelente se você estiver cansado de trocar de carro o tempo todo. Também é muito espaçoso, caso precise de lugar para quem ainda vai chegar."

São vastos os exemplos de carros sendo usados como metáforas de sexo, companhia e família em qualquer comercial de automóveis.

Controle

Ter controle é uma necessidade tão profunda que chega a ser ainda mais forte do que a necessidade de sexo. Não há escala de extremos aqui. Quanto mais controle você possa dar a alguém na própria situação dele, melhor será para você. Controle é o mesmo que poder pessoal. Quanto mais sentirmos que controlamos a nossa vida, maior será o nosso bem-estar, tanto em termos mentais quanto físicos. Por outro lado, nada é tão nocivo ao nosso bem-estar quanto a sensação de que perdemos o controle sobre o que nos acontece. Isso pode nos levar a uma profunda depressão. Se conseguir mostrar aos outros como você pode ajudar a resgatar o controle que perderam, ou adquirir controle de uma área na vida que ainda não dominaram, seja ela profissional ou pessoal, eles aceitarão de bom grado tudo o que você oferecer. Um carro é um símbolo muito pertinente para esta necessidade particular:

"Imagine. Se você tiver um carro, não precisará depender do trem quando quiser visitar os amigos nem chegará atrasado ao trabalho porque o metrô parou. Quer passear em Oslo no fim de semana? Tudo bem. Você decide."

Na vida real, tendemos a ir e vir ao longo dessas escalas. O ponto em que nos encontramos depende da situação e das nossas reservas de força mental. Embora seja possível observar tendências gerais nas personalidades das pessoas (alguém muito dedicado ao trabalho não deve perder o interesse no poder completamente), você deve estar preparado para ajustar o seu comportamento à situação específica em que se encontre. Alguém muito fissurado em poder no trabalho pode relaxar um pouco no clube local de colecionadores de selos. E alguém geralmente muito sociável pode se tornar introvertido quando está resfriado. O fato de que as pessoas se movimentam ao longo dessas variáveis não é um problema, contanto que você fique atento.

Também lembre que, ao se concentrar nas necessidades básicas de alguém, você está respondendo perguntas que ele pode nem ter percebido que tinha. Isso estabelecerá uma ligação muito pessoal entre vocês, deixando a sua oferta totalmente irresistível. Não tenho ideia de onde você está ao longo das escalas ou quais necessidades são mais importantes para você, mas aposto que alguns dos argumentos anteriores transformaram a compra de um carro numa ideia estranhamente boa até para você.

1.8 Fortaleça ou mude opiniões

Se você disser algo que corresponda à minha opinião, naturalmente concordarei com você. E, se eu discordar, em geral será fácil encontrar argumentos que justifiquem por que estou certo e você está errado. Isso ocorre porque é muito mais fácil fortalecer as opiniões que você já tem do que aceitar novas. Todas as vezes em que você verbaliza uma opinião, ela também ficará mais enraizada na sua mente. Se você contar a sua opinião aos outros, será quase impossível para o seu cérebro alterá-la.

Por esse motivo, quando desejar afetar alguém, é preciso prestar atenção às opiniões dele. Se souber que a sua vizinha começou a pensar em algo que você gostaria de preservar, por exemplo, que você faz os melhores bolos do mundo, fortaleça essa opinião nela ainda mais: peça para ela falar sobre os seus bolos para o máximo possível de pessoas. Melhor ainda se você convencê-la a elogiá-los para todos os conhecidos dela do Instagram. Está provado que divulgar as nossas opiniões por escrito é, de longe, o melhor modo de nos convencer de que realmente acreditamos em alguma coisa. Para começar, não importa se não tivermos refletido bem sobre a nossa opinião. Depois de escrevê-la e compartilhá-la com os outros, é muito mais difícil recuar. Isso significa que um teclado, ou um papel e uma caneta, e um público alfabetizado são as melhores ferramentas que você pode usar quando alguém tiver uma opinião que você queira fortalecer. E isso pode ser qualquer coisa, desde achar você uma pessoa boa até achar que o comunismo é legal. (Acredite se quiser, essa técnica foi usada exatamente assim na história, durante a Guerra da Coreia, quando os soldados chineses obrigaram os prisioneiros de guerra americanos a escrever e ler em voz alta confissões, denunciando o capitalismo e proclamando-se bons socialistas radicais. Isso causou uma verdadeira mudança de opinião em muitos deles, e eles voltaram para os Estados Unidos como comunistas devotos. O que o exército chinês não levou em conta é que métodos parecidos de formação de opinião foram construídos na sociedade americana, portanto a maioria dos soldados voltaram a ser capitalistas felizes logo depois de voltarem para casa.)

Se você fizer alguém se comprometer com a própria opinião assim, ele a defenderá mesmo se evidências contrárias forem apresentadas. A alternativa seria a pessoa parecer uma tola que não tinha pensado adequadamente antes, e ninguém quer isso.

Mas e se você não quiser fortalecer uma opinião? Se a vizinha não gosta dos seus bolos de jeito nenhum, provavelmente você vai querer que ela *mude* de opinião com mais facilidade. Então tome cuidado para que ela não faça nada do que falamos antes! Certifique-se de que ela guarde a própria opinião para si mesma e não fale nada com ninguém. Não pergunte o que ela acha dos bolos, já que isso apenas a fará acreditar cada vez mais que eles são ruins. *Quanto menos chances você lhe der para expressar a própria opinião, melhores serão as suas chances de mudá-la.* Expresse a opinião que você deseja que ela tenha, que os seus bolos são de primeira, e use a técnica 1.1 para mostrar que muita gente concorda com você. Assim, será mais fácil para ela deixar de lado a própria opinião fraca e não expressa, concordando com a sabedoria da maioria.

1.9 Mude opiniões usando a distração

Desconfio de que todos que vivem com um amante de esportes usem esse fato em benefício próprio. Eles sabem que não receberão atenção se um jogo estiver acontecendo. O fenômeno é mais profundo do que qualquer fidelidade às cores do time de coração. É uma questão de alocação de recursos no cérebro, que não é capaz de acompanhar várias cadeias de pensamento ao mesmo tempo.

Se, por exemplo, você quiser que o seu namorado forme uma opinião muito diferente da opinião atual, é uma boa estratégia distraí-lo com outros estímulos sensoriais ao expor o que você pensa.

É muito mais fácil convencer alguém que esteja assistindo à televisão enquanto lhe ouve, ainda que a televisão esteja sem som. Se a televisão estiver ligada, o cérebro dele não precisará ouvir apenas você, mas também terá de empregar recursos para processar as informações visuais vindas de uma fonte totalmente diferente (como uma partida de futebol). Assim, ele não conseguirá mais empregar tantos recursos para elaborar contra-argumentos, o que aconteceria em situações normais. Do mesmo modo, você ficará muito mais disposto a comprar coisas desnecessárias no Amazon.com se comprar *online* enquanto fala ao telefone.

Isso foi demonstrado várias vezes. Uma mente distraída (quero dizer, um cérebro que faz diversas coisas ao mesmo tempo) é mais fácil de manipular e sofrer mudanças do que outra totalmente concentrada numa única coisa.

Não é difícil distrair alguém. Se você deixar uma modelo famosa ficar perto de você quando estiver apresentando um trabalho em PowerPoint, logo descobrirá que poderá fazer qualquer coisa. Você também pode fazer como o exemplo com a televisão e esperar até que a pessoa que você deseja influenciar já esteja distraída com outra coisa, e avançar nesse momento.

Mas usar esse tipo de distração mais ampla nem sempre é uma solução prática. E, se a distração for ampla demais, se a modelo estiver usando apenas um biquíni, por exemplo, você corre o risco de perder completamente o público, que não concordará nem discordará de você. A distração pode ser muito mais sutil do que ligar a televisão ou fazer alguém usar o telefone enquanto lê. O simples uso de palavras inesperadas pode ser suficiente. Se ouvirmos algo que não estávamos esperando, o nosso cérebro dá uma freada súbita e pensamos: Espere aí, o que foi isso?

Um exemplo: se você e eu estivermos discutindo o preço de alguma coisa, existem regras que orientam o conteúdo de discussões assim. Entre outras coisas, em geral elas contêm a palavra "reais". Se, de repente, você me disser que deseja pagar noventa mil centavos (e não os noventa reais que eu esperava), isso confundirá o meu cérebro momentaneamente. Nesses segundos de confusão, você tem a oportunidade de influenciar o meu interesse de concretizar a compra em qualquer direção que desejar. Por exemplo, você pode dizer: "É uma pechincha!" Um grupo de pesquisadores que fez uma experiência com vendas de cartões de Natal conseguiu vender mais do que o dobro ao dizer os preços em centavos, e não em reais.

Observe que não basta simplesmente confundir o cérebro. Tudo o que você consegue nesse momento é abrir uma janela oportuna para influenciar a mente. É necessário lembrar-se também de inserir a sua mensagem sobre o preço baixo ou a qualidade, ou o quanto a pessoa precisa do seu produto, para alcançar os resultados desejados. Os pesquisadores não aumentaram as vendas até começarem a dizer "É uma pechincha!" depois de falarem o preço dos cartões em centavos. (Ao dizer o preço em reais, não houve efeito, mesmo falando que os cartões eram baratos.) Um vendedor de *cupcakes* aumentou muito as vendas ao distrair os clientes, chamando os seus produtos de "bolos pela metade", usando, em seguida, uma frase para influenciar a opinião: "São deliciosos!"

Não importa se você adotar um estilo sutil, usando palavras inesperadas, ou se for mais direto, discutindo planos para as férias com alguém que esteja concentrado jogando *Dark Souls 2*. De um jeito ou de outro, a distração é uma ferramenta incrivelmente útil para deixar as pessoas menos resistentes à influência.

Tudo o que você precisa fazer numa situação assim é dizer o que elas devem pensar.

1.10 Modele a autoimagem dos outros

Sei que é difícil de acreditar, mas você baseia grande parte da sua autoimagem em qualquer coisa que os outros disserem que você parece. O exemplo mais famoso é uma experiência realizada numa escola, onde disseram que uma turma era mais inteligente do que as outras. Imediatamente essa turma conseguiu resultados muito melhores nas provas.

Isso significa que você pode mudar a personalidade da sua prima, por exemplo, simplesmente tratando-a como se ela já fosse do jeito que você quer. Você também pode usar essa técnica para modelar os outros, para que sejam e ajam como você deseja. Talvez você queira convencer alguém a votar no seu partido, entrar para a sua igreja, despir-se no primeiro encontro ou simplesmente concordar em apoiar a sua sugestão na reunião de segunda-feira. Imagine qual tipo de personalidade seria necessário para alguém agir daquela forma em especial e quais valores e opiniões alguém daquele tipo teria. Depois explique ao seu alvo que são exatamente esses valores que ele tem.

Pode parecer difícil e você pode achar que a pessoa negará imediatamente, já que você espera que as pessoas tenham um conhecimento razoável de quem são, mas na verdade não é assim. Se estiver numa empresa, por exemplo, você pode fazer um teste de personalidade com uma colega que esteja tentando influenciar e, depois, baseado em malabarismos numéricos complicados, explicar que o teste revela que ela é uma pessoa conservadora que gosta de soluções conhecidas e reais (e é por isso que ela deve gostar da sua solução). Ou que ela é uma pessoa aventureira que adora correr riscos, se for o que interessa a você.

Mas lembre-se de parecer convincente para que ela não tenha motivos para duvidar do que você diz.

Entretanto, não é necessário ir tão longe a ponto de fraudar um teste de personalidade. Basta comentar sobre coisas que ela já esteja fazendo normalmente e descrevê-las em termos dos valores que você deseja que ela tenha. "Então você escolheu aquele novo sabor de sorvete? É a sua cara, sempre experimentando coisas novas." "Você sempre dá um jeito de entrar em alguma aventura." "É típico de você sempre escolher a opção arriscada." Se ela ficar ouvindo que os próprios atos revelam uma pessoa arrojada, ela começará a se ver assim, passando a ter muito mais facilidade para tomar uma decisão altamente arriscada quando você pedir. (Ou o que você desejar que ela faça.)

Se você quiser encorajá-la a adotar algum outro tipo de personalidade, chame atenção para quaisquer atitudes que confirmem a ideia. Você quer que ela se ache simpática? Se for o caso, diga: "Você comprou para mim também? Você é uma das pessoas mais atenciosas que conheço". Ou quer que ela tenha uma mentalidade estratégica? Então diga: "Ótima reflexão, mantendo a calma em meio ao problema. Você é o tipo de pessoa precavida". É claro que quando ela fizer algo que não corresponda à personalidade que você esteja tentando encorajar, você não dará atenção.

Você não terá muito trabalho para fazer a mudança acontecer. Um truque secreto é fazer a mulher em quem você estiver interessado achar-se aventureira, primeiro convidando-a a falar sobre as suas várias façanhas, depois desafiando a sua suposta empolgação, mostrando qual é o seu exato grau de espírito aventureiro. Esse método é mais barato e rápido do que pagar alguma bebida para ela.

De qualquer forma, voltemos a fazer o bem: você pode usar essa técnica para ajudar os outros: quando uma colega começar a desanimar ou suspirar e disser com resignação que jamais conseguirá terminar o projeto, explique que você sabe que ela é o tipo de pessoa que nunca desiste e "prove" isso citando exemplos de projetos que ela tenha concluído antes. A verdade é que todo mundo às vezes desiste com facilidade e, em outras vezes, tem garra para concluir o que começou. Mas, ao destacar as características certas que existem nela, você pode proporcionar uma nova imagem dela, ajudando-a a alcançar a sua meta. (O que, obviamente, é bom para você, já que ela está fazendo isso para ajudar você.)

Essa técnica é útil em qualquer tipo de situação. Quando dizemos a uma criança que ela parece estar se esforçando muito na caligrafia, ela imediatamente começa a melhorar.

E, ao iniciar um projeto enorme, tenha o cuidado de dizer aos seus colegas que você os escolheu por conhecer a sua grande criatividade diante de desafios como esse. Depois disso, eles participarão do projeto com entusiasmo e energia, em vez de reclamar de metas irrealistas.

1.11 Mostre às pessoas que elas já estão fazendo

Naturalmente, o simples fato de garantir que as pessoas farão o que você deseja não será suficiente. Também é preciso garantir que elas *continuem* a fazer e não parem assim que você virar as costas. Há vários fatores que podem levar as pessoas a parar, embora você as tenha convencido de que estão fazendo algo bom. A tarefa que você lhes deu pode parecer exigente demais ou sem importância. Felizmente existe uma técnica muito confiável que você pode usar para teleguiar as pessoas e garantir que elas não abandonem a trilha onde você as colocou. Em vez de falar sobre *começarem* a fazer algo, explique que elas já estão fazendo. Não diga que o projeto está prestes a começar, diga que você já começou, mas ainda não terminou.

Por que isso deveria fazer alguma diferença? Quando estamos decidindo se devemos fazer algo ou não, é muito mais fácil terminar o que já começamos do que começar algo novo. A chance de recusar é muito maior antes de começar. Depois de começar, fica muito mais difícil fazer isso. Você já recebeu de alguma cafeteria um daqueles cupons que dizem: "O seu décimo cafezinho é de graça. Colecione os selos!"? Você deve ter notado que eles sempre põem um selo no cupom antes de passar para você. Alguns cupons até têm o primeiro selo impresso. Isso acontece exatamente por esse motivo. Se um cupom assim já tiver sido iniciado, é mais provável que retornemos à cafeteria para adicionar mais selos do que seria se estivesse vazio. Simplesmente é mais fácil continuar um projeto que já começou do que começar um novo. Não importa se não tenhamos iniciado o projeto ou se alguém tenha colado o primeiro selo no cupom para nós, basta conseguir enxergar claramente que o processo já começou.

Também ajuda quando podemos dizer que estamos mais próximos do nosso objetivo.

Quanto mais nos percebermos próximos a uma meta, maior o incentivo para conquistá-la. Isso é verdade, independentemente do esforço necessário. Se o que você deseja que os outros façam exigir um esforço hercúleo, é melhor mostrar a eles que já fizeram a maior parte do trabalho. Está quase acabando. Só falta um pouquiiiiinho...

Você pode usar essa tática mesmo se estiver óbvio que aquilo que você está pedindo na verdade é totalmente novo. Para fazer isso, será necessário mostrar criatividade e conectar o novo a algo que a pessoa em questão, como o seu marido, por exemplo, já tenha feito. Faça parecer que é uma nova fase dentro de um projeto maior, boa parte do qual ele já conseguiu finalizar: "É claro que você consegue acabar de pintar o teto neste fim de semana. Sei que não falamos sobre isso antes, mas é o que falta para terminar a reforma da casa toda. Você já trabalhou tanto nessa reforma, falta muito pouco. Imagine como você vai se sentir bem no final! Eu vou visitar a minha mãe, então vejo você no domingo à noite, certo?"

1.12 Controle o grupo...

Todo o material deste livro baseia-se numa única ideia: o seu comportamento também pode influenciar os outros. Qualquer tipo de influência acontece por meio da alteração das opiniões e ações dos outros. Porém, não é preciso fazer isso com uma pessoa de cada vez. Às vezes, é mais fácil influenciar várias pessoas de uma vez só.

Os seres humanos são programados para viver em grupo. Estabelecemos associações e construímos sociedades porque precisamos dos outros. Um grupo nos oferece a segurança e a proteção que não conseguimos sozinhos. Mas, quando estamos em grupo, algo estranho acontece com as nossas faculdades mentais. Abandonamos a nossa capacidade analítica e as nossas defesas, confiando que o grupo cuidará de nós. Um comportamento coletivo se instala. Costumamos agir como uma ovelha num rebanho sem perceber. Deixamos de pensar como indivíduos e começamos a seguir a trilha da menor resistência – ou, o que é mais comum, a trilha de "quem berra mais". Quanto maior o grupo, maior a probabilidade de que a maioria dos seus membros siga as sugestões do líder. Os grupos também reagem muito mais emotivamente do que os indivíduos. As emoções retroalimentam um grupo, ficando ainda mais intensas a cada vez que retornam, assim como a retroalimentação de uma guitarra passando pelo amplificador. Um bom exemplo é o fenômeno conhecido como "ódio virtual", em que milhares de pessoas normais, cujo único vício é passar tempo demais no Facebook ou em algum fórum virtual, de repente se exaltam num caso extremo de ódio em massa direcionado a um indivíduo específico.

Tal comportamento dócil facilita o controle de opiniões e o comportamento de um grupo, ao contrário de indivíduos isolados, especialmente quando criamos frases em termos emocionais, o que você aprenderá a fazer no item 2.15. A ironia é que a maioria das pessoas não gosta de falar para grandes grupos, em geral isso é considerado uma das coisas mais apavorantes do mundo. O que isso quer dizer? Muitos grupos não têm um líder simplesmente porque ninguém tem coragem de falar com eles. Não perca essa oportunidade. Afinal, se quiser que os outros façam o que você deseja, por que não facilitar as coisas para você e dirigir-se a muita gente de uma vez só? Lembre-se de transmitir a sua mensagem a grupos, não a indivíduos, sempre que for possível. Por exemplo, você participa de reuniões gerais na empresa uma vez por mês? Não perca tempo tentando convencer individualmente todos os seus colegas a apoiar o seu projeto favorito. Será muito melhor apresentá-lo a todos de uma vez só na reunião geral e isso também aumentará a probabilidade de obter a aceitação de todos. Use o comportamento emotivo, acrítico e coletivo deles para convencê-los que você quer exatamente o mesmo que eles.

1.13 ...Mesmo que não exista grupo

Controlar a vontade das pessoas, influenciando grupos inteiros de uma vez só, é uma técnica muito útil, mas ela pressupõe que haja um grupo ao qual se dirigir. E se não houver? Sem problemas. Para funcionar, basta você sugerir o que o grupo teria pensado (ainda que não exista grupo algum).

Não estou dizendo para você terminar todas as conversas assim: "Você deve fazer assim porque todo mundo faz". A ideia é essa, de certa forma, mas o método está transparente demais. Melhor será se você plantar uma ideia do que "todo mundo faz" na cabeça da pessoa primeiro, sem precisar falar isso. Se, por exemplo, você disser: "Tudo bem se você esperar até segunda-feira para comprar os ingressos, a fila será menor", você estará apresentando a ideia de que tanta gente vai querer comprar os ingressos que será preciso esperar na fila. Quando a conclusão "todo mundo vai querer comprar os ingressos" vem da pessoa, e não de você, a credibilidade será muito maior. (Você pode achar que a possibilidade de precisar esperar na fila faria a pessoa desistir de comprar os ingressos, mas é o oposto: quanto mais difícil conseguir algo, mais o desejamos, principalmente quando parece que todo mundo quer.)

Outro exemplo foi quando certo comercial de TV entrou para a história, quebrando o recorde de vendas num canal de compras americano, tudo por causa de uma mudançazinha numa frase. Antes eles falavam: "As linhas estão abertas e os nossos operadores estão aguardando o seu telefonema!" E mudaram para: "As linhas estão abertas; se der ocupado quando você telefonar, tente mais tarde!"

A primeira frase produzia uma imagem de telefones mudos e operadores esperando, sem nada para fazer, o que obviamente significaria que ninguém desejava aquele produto. Por outro lado, a segunda frase fez parecer que haveria tanta gente telefonando para pedir o produto que talvez você nem conseguisse falar. Depois de veicularem o segundo anúncio, as vendas dispararam.

Como você pode notar, nem é necessário preocupar-se em ser verdadeiro ao expressar as coisas assim. Você nunca diz que aqueles ingressos ou o tal produto são desejados por todos, afinal, pode não ser verdade. Você simplesmente diz que poderia haver fila no guichê ou que o telefone poderia estar ocupado, ou outra coisa. Não importa se realmente é o caso. Isso transmite às pessoas uma ideia do que todos estão fazendo, o que causará na pessoa em questão o desejo de fazer o mesmo. Parece tolo? Não me culpe. Culpe todo mundo.

1.14 Dicas de prestígio nas pontas dos dedos

Quando determinamos qual nível de verdade devemos atribuir a algo, confiamos sobretudo no que figuras de autoridade e pessoas com elevado prestígio social nos dizem a respeito. O fato de confiarmos em figuras de autoridade não é tão estranho assim. Um médico deve saber mais sobre o funcionamento do corpo do que você (a menos que você seja médico, é claro), então, quando ele lhe fala alguma coisa, você acredita, com base na competência dele. O motivo pelo qual também tendemos a acreditar em pessoas com alto prestígio social não é tão óbvio, mas provavelmente é o resultado da programação evolucionária. Quando o líder do rebanho nos diz algo de um jeito, provavelmente é assim mesmo. Isso se mostra verdadeiro com muita frequência, e justamente por estar certo é que ele se tornou líder do rebanho, para começar. Prestígio e autoridade também estão ligados, é lógico. Se você for uma figura de autoridade numa área específica, isso lhe proporcionará certo nível de prestígio social, pelo menos entre aqueles que valorizem a sua área.

Portanto, se quiser convencer os outros a acreditar no que você diz, também faz sentido mostrar que você é uma autoridade da área em questão ou alguém que ocupa uma posição social elevada. Mas essa também é uma das técnicas de poder mais usadas indevidamente. Tenho certeza de que você suspirou profundamente e revirou os olhos quando alguém agiu como um típico esnobe, tentando demonstrar autoridade e prestígio (mas falhou escancaradamente nos dois casos), alçando a voz e usando um tom grosseiro e severo para explicar: "*É assim. É o que vamos fazer. Sei o que estou falando*". Enquanto as pessoas riem dessa demonstração impotente, você pode usar uma técnica ninja invisível que deixará todos saberem que a verdadeira figura de autoridade ali é você e que é você quem realmente sabe das coisas.

Basta pensar nas suas mãos.

Certos gestos têm significados simbólicos claros. Como a autoridade. Fazendo um simples gesto, é possível influenciar os outros a levar a sério e valorizar o que você diz, além de achar que você sabe o que está falando. Basta usar as pontas dos dedos: una as pontas dos dedos de modo que as mãos formem triângulos. (Imagine as pontas dos dedos criando um ponto alinhado ao seu antebraço.) Usamos esse gesto subconscientemente quando nos sentimos muito seguros sobre o que falamos e a nossa segurança está atingindo o ápice. Algumas pessoas posicionam as mãos perto do rosto, da cintura, algumas as mantêm no colo sob a mesa, colocam os cotovelos sobre a mesa, e outras as deixam atrás da cabeça. Não importa onde for feito, esse gesto tem o mesmo significado. É um gesto clássico de autoridade comumente usado por advogados, médicos e outros que ocupem funções respeitadas, principalmente quando têm muita certeza do que têm a dizer.

As implicações dessa posição são tão conhecidas pelo nosso subconsciente que podem até transferir os seus efeitos para os outros: quando um advogado une os dedos assim num julgamento enquanto a sua testemunha está sendo ouvida, o depoimento será considerado mais confiável pelos ouvintes. O advogado está demonstrando tanta confiança na sua testemunha que todos no tribunal acharão o depoimento mais convincente.

Se outra pessoa fizer esse gesto, significa que não será intimidada facilmente. Entretanto, você deve prestar atenção às mãos e perceber se ocorre alguma mudança na sua posição durante a conversa. Se os dedos se entrelaçarem de repente, como numa oração, o sinal de prestígio elevado foi substituído por outro, de prestígio baixo. Quem cruza os dedos assim em geral sente dúvida e insegurança, repentinamente desejando ocupar o mínimo possível de espaço. Esse gesto também é uma forma de autotoque, o que entenderemos melhor no item 3.18. Contudo, você deve ficar atento aos polegares. Se as mãos entrelaçadas estiverem relaxadas, abertas em formato de arco, e os polegares estiverem unidos ou apontando para cima, você ainda estará lidando com alguém que se sente muito confiante e à vontade na situação. Porém, se os polegares começarem a sumir atrás das mãos, ou as mãos ficarem totalmente entrelaçadas, é sinal de que ele já não confia tanto nas próprias declarações. É comum as mãos irem para a frente e para trás nessas posições, já que confiança e dúvida avançam e recuam durante a conversa. Isso será uma boa indicação de quais assuntos ele domina mais ou menos.

Como você percebeu, a "pirâmide com as pontas dos dedos" é um gesto extremamente poderoso que pode ser usado para atribuir peso e credibilidade ao que você e os outros dizem. Então, não a use enquanto o seu concorrente estiver falando! Você também notará que não haverá tanta gente discordando de você ao usar essa técnica. Ao unir os dedos, o efeito imediato é forte o suficiente para dificultar ainda mais eventuais discordâncias. O fato, porém, é que você pode ser confundido com um intimidador se agir assim. Portanto, esse gesto combina melhor com uma atitude humilde e simpática. Também é bom lembrar que esse gesto somente funciona se usado de modo visível. Então, não esconda as mãos sobre o colo ou na cintura, levante-as para que apareçam.

Deixe aquele esnobe gritar até perder a voz. Você pode demonstrar a sua segurança e evidenciar que sabe o que está falando usando apenas as suas mãos.

+♥

MAIS UMA VIDA!

Em geral é bem interessante observar o que as pessoas fazem com os polegares. Um gesto comum é prender os polegares nos bolsos e deixar os dedos balançando do lado de fora. Se você levantar e experimentar, sentirá que os ombros caem. Isso quase sempre significa uma atitude submissa e indica falta de autoconfiança. Se tiver tentado, deve ter notado uma sensação de certo modo apática percorrer o seu corpo. Também deve ter percebido que costuma fazer isso com as mãos quando está de pé e relaxado, o que poderia ser considerado uma contradição ao que acabei de falar, já que existe uma grande diferença entre estar relaxado e descrer de si mesmo. Embora isso seja verdade, também tenho certeza de que você percebeu que ficar de pé assim não o deixou com a sensação de estar preparado para entrar em ação. É como se alguém tivesse apertado o seu botão de "desligar". Para conseguir fazer qualquer coisa (e as ações elevarão o seu prestígio), é preciso mudar a sua postura – e tirar as mãos dos bolsos.

1.15 Controlando o prestígio

Há outras maneiras de elevar o seu prestígio social, elevando, portanto, o seu poder. Por algum motivo, atribuímos prestígio a quem não se movimenta muito. Não me refiro a pessoas preguiçosas ou que considerem um grande exercício assistir a *Dança dos Famosos* na televisão, e sim a pessoas que não fazem grandes movimentos literalmente.

Pode haver vários motivos para tanto, como o fato de que pessoas com prestígio social mais elevado já terem tudo de que necessitam ou terem conseguido, historicamente, que as pessoas as provessem com o que fosse necessário. As pessoas com mais prestígio em geral são protegidas pelo rebanho, não precisando lutar pela própria sobrevivência. Ou talvez simplesmente sejam tão perigosas e poderosas que podem se dar ao luxo de parecerem vulneráveis assim. Quando Michael Caine estava se preparando para um papel de gângster de alto nível, percebeu que a melhor maneira de deixar as pessoas nervosas era falar de modo calmo e deliberado enquanto mantinha contato ocular, sem piscar. Isso emprestava um tom ameaçador até mesmo às frases mais simpáticas: "Você sabe que eu gosto de você. Gosto mesmo".

Seja qual for o motivo, é fato que associamos o comportamento focado que envolve movimentos exatos e deliberados a um maior prestígio social.

Não estou afirmando que a melhor opção disponível é sempre se apresentar como membro da elite. Às vezes é melhor adotar um prestígio social diferente, por exemplo quando se está numa reunião com um chefe grosseiro e autoritário. Nesse tipo de situação, em geral é uma boa ideia cair para uma posição abaixo dele e jogar os seus Jogos de Poder num nível ao qual ele não esteja atento. Mas numa situação em que você deseje irradiar um prestígio maior, é preciso pensar sobre os seguintes aspectos do seu comportamento:

- Prestígio elevado: calmo, seguro e autoconfiante; Prestígio baixo: ansioso, preocupado e agitado.

- Prestígio elevado: é bom ouvinte e age como se tudo o que acontece tivesse sido planejado e elaborado com antecedência; Prestígio baixo: reage com surpresa e insegurança e questiona em voz alta como tudo aquilo o afetará.

- Prestígio elevado: mantém contato ocular e parece nunca piscar (mas, é claro, sem encarar os outros como um louco); Prestígio baixo: pisca muito e fica olhando em volta, como se esperasse o perigo vindo de todas as direções.

- Prestígio elevado: Apenas se movimenta quando necessário, com calma e deliberação; Prestígio baixo: está sempre fazendo movimentos abruptos e fora do controle.

Se você se movimentar do modo certo, as pessoas automaticamente lhe atribuirão a credibilidade e o poder que supõem que você tem.

+♥

MAIS UMA VIDA!

Uma boa maneira de treinar movimentos mais centrados e controlados é tentar aquietá-los ao máximo. Não quero dizer que você deve andar por aí esgueirando-se como um gato. Embora possa ser uma ótima ideia em certas situações, pode parecer meio estranho naquela reunião de sexta-feira de manhã. Mas não fique brincando com o chaveiro. Não se mexa para a frente e para trás naquela cadeira velha e estridente. Ao tentar emitir o mínimo possível de ruídos, você se obrigará a ter movimentos elegantes e contidos. Isso será muito útil quando você quiser ser persuasivo em outras situações.

1.16 Crie o clima

Eu mesmo uso muitas das técnicas deste livro, mas esta, em especial, me faz rir por dentro. Ela combina tudo o que acho interessante: a compreensão dos processos do cérebro, linguagem corporal e... Imagine... Mímica! Bem, eu sou o primeiro a concordar que aquelas mímicas chatíssimas precisam ser banidas do planeta. Porém, não há nada errado com uma dramatização física coreografada como forma artística. Os japoneses sabem muito bem disso.

Esta técnica é meio complicada, então começo explicando as diferentes peças que entram no jogo antes de montar todo o quebra-cabeça para você.

Peça n. 1. O seu cérebro funciona de modo que as emoções negativas sejam mais acionadas pelo hemisfério direito, enquanto as emoções positivas, pelo hemisfério esquerdo. Como o seu hemisfério esquerdo também controla o lado direito do seu corpo, é mais fácil associar emoções positivas a objetos localizados à sua direita do que objetos à esquerda. Tem sido documentado que em geral demonstramos uma sutil preferência pelas coisas que estão localizadas à direita. (É claro que isso pode ter a ver com o fato de que a maioria da população mundial é destra.)

Peça n. 2. Você pode atribuir emoções positivas e negativas a locais diferentes do recinto (ou da mesa, do gramado etc.) onde estiver, associando ativamente esses locais a valores positivos ou negativos. Se você sempre estiver perto da máquina de café ao falar sobre vantagens ou coisas boas, e sempre ficar perto da geladeira ao falar sobre coisas ruins, ou coisas que preferiria evitar, a pessoa com quem você falar associará subconscientemente os dois lugares diferentes a coisas boas (a máquina de café) e ruins (a geladeira).

Peça n. 3. Quando a associação entre um estímulo externo (como a visão de estar num lugar específico) e uma emoção tiver sido estabelecida adequadamente, basta que o estímulo apareça (ou seja, que você fique nesse lugar) para que a emoção seja acionada. Isso significa que não será mais necessário falar sobre coisas boas perto da máquina de café, você despertará uma emoção positiva simplesmente ficando perto dela.

Agora vamos ver esse quebra-cabeça por inteiro e observar um exemplo de como funciona na prática. Suponhamos que você esteja fazendo uma apresentação no trabalho sobre os prós e contras de um novo método operacional que deseja muito que a empresa adote. Assim, ao falar sobre todas as vantagens do novo método, fique na posição A. Essa posição fica à direita do centro, da perspectiva dos ouvintes, já que é uma posição mais provável de representar conotações positivas para eles (veja a Peça 1). Quando você falar sobre as desvantagens e consequências negativas de não adotar o novo método, fique na posição B, um pouco à esquerda da posição A (mais uma vez, da perspectiva dos ouvintes). Ao ir de A para B enquanto fala sobre benefícios e desvantagens, respectivamente, você influenciará os ouvintes a formar associações subconscientes entre os dois pontos e a ideia de que algo é bom ou ruim (Peça 2).

Mais tarde, quando chegar a hora de os seus ouvintes decidirem se devem ou não adotar o novo método, *volte para a posição A*. O lugar bom. A visão da sua imagem ali recordará os ouvintes de todas as coisas boas que você mencionou, ainda que você não diga nenhuma palavra (Peça 3). Eles terão uma sensação positiva no corpo, o que funciona muito mais do que argumentos racionais. E, naturalmente, eles vão querer fazer o que parece melhor, ou seja, concordar com a sua sugestão.

Você também estará, literalmente, numa posição excelente para responder perguntas e críticas de um modo muito elegante. Suponhamos que alguém pergunte por que você não poderia escolher um método diferente. Em vez de argumentar que o método sugerido é ruim, você pode responder com neutralidade ou até oferecer uma perspectiva cuidadosamente positiva: "É claro que o método que você está sugerindo é outro método de trabalho viável que também pode ter as suas vantagens. Pode ser uma opção a analisar. Porém, acho que o importante é encontrar um método que nos ajude a progredir e nos proporcione a eficácia necessária".

Ao falar as duas primeiras frases sobre a nova sugestão, *vá para a posição B.* Os ouvintes terão uma impressão ruim da nova sugestão sem que você precise dizer uma única palavra negativa, porque você está no lugar "ruim". Ao dizer a última frase sobre "um método que nos ajude a progredir", volte para a posição A. Todos entenderão qual método realmente é a melhor opção.

O bom é que você não precisa aprender nada novo para usar essa técnica. De qualquer maneira, você não pretendia ficar parado durante a apresentação inteira, não é?

Agora que você já entendeu o básico, quero acrescentar alguns comentários mais avançados: de certo modo simplifiquei a técnica nessa descrição. Nem sempre nos referimos às coisas como boas ou ruins, também fazemos afirmações neutras. Assim, ao aplicar essa técnica na prática, você também deve usar uma "posição de largada" neutra. Vou chamá-la de X. A boa posição A fica à direita de X (da perspectiva de quem vê), e a posição ruim B fica à esquerda. Sempre comece na posição X. Pode até ser aí o lugar onde você fará a maior parte da sua apresentação, mas vá para A ou B quando afirmar algo positivo ou negativo.

Também sei que nem sempre você terá a opção de se movimentar. O exemplo que dei, envolvendo dois (ou três) lugares diferentes foi só uma forma clara de explicar, mas a técnica de atribuir valores a posições no espaço pode ser aplicada de vários modos diferentes. Por exemplo, você pode fazer como Barack Obama e usar a minha técnica preferida: fazer com as mãos a mímica de duas "caixas de valor" invisíveis no ar. Quando estiver falando sobre algo bom, gesticule em direção a um ponto à direita do seu corpo (à direita de quem vê, outra vez), com as mãos paralelas, como se estivesse segurando uma caixa. Quando estiver falando sobre algo ruim, posicione as mãos do outro lado do seu corpo. Depois de estabelecer a sua própria "caixa boa" e "caixa ruim" invisíveis, você pode acionar estados emocionais positivos ou negativos no público, simplesmente gesticulando no espaço certo, no ar. Entretanto, será necessário tomar o cuidado de manter as duas caixas invisíveis nos mesmos locais o tempo todo. Se elas começarem a se misturar e acabarem ficando em alturas ou distâncias diferentes a cada vez que você indicá-las, as associações não serão eficazes e os gatilhos emocionais serão fracos.

Você também pode atribuir valor a objetos da sua mesa, simplesmente manuseando um objeto à sua direita ou esquerda sempre que fizer uma declaração emotiva. Depois você pode acionar as emoções necessárias simplesmente pegando o objeto correto.

Essa técnica de atribuir emoções ou valores a lugares ou objetos é um truque antigo e fundamentado. Porém, parece que poucas pessoas a conhecem atualmente. É uma pena ou, melhor, é bom para você, especialmente considerando como é fácil de usar e não atrapalha em nada o que você expressa verbalmente. Se você também combinar essa técnica com os truques linguísticos que aprenderá no próximo item, você se sentirá como Obi-Wan Kenobi deve ter se sentido ao falar com aquele soldado em Mos Eisley.

MAIS UMA VIDA!

Observe que outras pessoas às vezes usam essa técnica sem saber. Se estiver discutindo com alguém sem chegar a um acordo, talvez porque a conversa tenha tomado um rumo ruim, você deve tentar fazer a outra pessoa concordar, levando-a a outro lugar físico. Talvez ela tenha criado involuntariamente um "local negativo" para si mesma no lugar atual e precise mudar de espaço para acessar outros pensamentos mais construtivos.

CONQUISTA DESBLOQUEADA: GERADOR DE VERDADE

SEGUNDO JOGO

JOGOS DE PALAVRAS

16 estratégias para fazer as
pessoas ouvirem você, e só você

Espere um pouco e escute!
Deckard Cain, *Diablo II*

As palavras são mágicas. Até a mais simples delas, como "queijo", deflagra cadeias de pensamento e associações incrivelmente complexas no cérebro. Você pode se lembrar de impressões sensoriais, como sabores, cores e texturas. Pode recordar uma visita que já fez a uma empresa de laticínios. Ou pode ver a casca levemente endurecida daquele queijo manchego que você comeu, tomando vinho com alguém por quem era muito apaixonado. E, enquanto tudo isso acontece, de repente você pode perceber que acabou o *cheddar* na sua geladeira. E esses pensamentos podem, por sua vez, ocasionar mais associações. Você está pensando sobre o que mais precisa comprar para abastecer a geladeira, no que a garota com quem você tomou aquele vinho está fazendo hoje e se precisará transferir uma quantia para a sua conta antes de ir às compras. Enquanto isso, certas emoções também podem ser disparadas em você. Uma pontada nostálgica ao pensar no que poderia ter acontecido entre você e aquela garota, e uma discreta náusea porque o sabor do queijo que você recorda simplesmente não combina com o café que está tomando agora. Todos esses pensamentos e associações serão mais ou menos poderosos e você estará mais ou menos consciente deles, mas eles não acontecerão isoladamente. Cada um leva a outra coisa ao longo da cadeia.

Tudo isso por causa de seis letras aleatórias que denotam um laticínio quando organizadas em certa sequência.

Raramente pensamos nas associações ocultas que moram nas palavras. Assim, um truque comum é usar palavras que sejam superficialmente sinônimas, mas provoquem reações bem diferentes nos receptores quando pronunciadas. O que você acha da expressão "mudança climática" no lugar de "aquecimento global"? Aposto que a última soa muito mais ameaçadora para você, porém ambas referem-se exatamente à mesma coisa. Apesar disso, a expressão "aquecimento global" foi abandonada na arena política por transmitir vibrações muito ruins. ("Mudança climática", por outro lado, tem sido uma questão debatida desde a década de 1950.)

Se você souber quais palavras são mais poderosas, será mais fácil fazer os outros ouvirem você, e não outra pessoa.

Os Jogos de Poder são um processo multidirecional, onde todos os jogadores desempenham um papel igual. Na verdade, é essencial que os outros desempenhem o próprio papel. Por esse motivo, os truques linguísticos que usaremos nos Jogos de Poder baseiam-se na ideia de teletransportar os seus pensamentos para dentro da mente das pessoas sem que elas percebam. Há certas palavras e certos modos de se expressar que acionarão interessantes cadeias de pensamento na mente da pessoa com quem você falar, o que as torna ferramentas extremamente eficazes para o seu uso. Você perceberá que em geral basta simplesmente plantar a semente e deixar a pessoa entender o resto sozinha. Deixe-a receber todo o crédito pela nova "ideia", mesmo que tenha sido ideia sua em princípio. O importante é que ela faça o que você quer. Se ela acreditar que a ideia foi dela, não tem problema.

Isso tudo pode parecer saído de um filme de ficção científica, mas você não precisa transformar todos em zumbis para que concordem com você. Só é preciso... conversar!

2.1 Encontrando mais palavras para a mesma coisa

Antes de usar jogos de palavras, você precisará de palavras para jogar. Existe uma conexão direta entre dominar um vocabulário amplo e ser capaz de chegar aonde você deseja na vida. Pessoas com vocabulário mais extenso são consideradas mais criativas e inteligentes, conseguem um emprego mais rapidamente, conquistam mais promoções no trabalho e são levadas mais a sério, de maneira geral. Em outras palavras, seria ótimo se você conseguisse usar um vocabulário maior do que o atual para se expressar. E não me leve a mal, mas até um vocabulário enorme pode sempre se expandir.

Felizmente, a ampliação vocabular envolve menos trabalho do que você imagina. A verdade é que a diferença entre o que é considerado um vocabulário modesto e outro maior não passa de cinquenta palavras. Para você ter uma ideia da quantidade envolvida, posso informar que a última frase tem vinte e duas palavras, e esta tem vinte e cinco.

Não estou sugerindo que você aprenda cinquenta palavras completamente novas que nunca viu antes. Tampouco é necessário encontrar palavras com significados inteiramente novos, pois é improvável dispor de cinquenta tópicos que você adoraria discutir se tivesse palavras para tanto. A maioria dessas cinquenta palavras novas serão sinônimos de palavras que você já conheça. Consulte um dicionário e assuma a missão de encontrar um ou dois sinônimos para uma palavra que você já use todos os dias. Você se lembrará de sinônimos que já conhece, mas quase não usa, como eu fiz há apenas um minuto quando precisei de um sinônimo para "amplo" no penúltimo parágrafo (Optei por "extenso"). Por exemplo, você pode usar tanto "magnífico" quanto "fantástico".

Ou pode aprender palavras totalmente novas, o que é muito divertido. Você sabia que "amplexo" pode ser usado como sinônimo de "abraço"?

O mais importante é começar a usar palavras novas. Algumas podem parecer estranhas, você pode ser o tipo de pessoa que não fala "magnífico". Se for o caso, pare de usar palavras que não se ajustem a você e procure outras.

Se fizer o que eu sugeri e encontrar uma nova palavra todos os dias, em um mês e meio você chegará ao ponto de ser considerado membro da elite intelectual – sendo digno de níveis correspondentes de confiança e respeito (sem falar de um contracheque mais polpudo).

2.2 Comece no mesmo lado

Gostamos quando as pessoas concordam conosco. Isso não é novidade. Se os outros pensarem o mesmo que nós, isso significa que nos aceitarão, e sermos aceitos é de vital importância para nós. Se não concordarem conosco, corremos o risco de sermos marginalizados das nossas comunidades. É claro que, em termos racionais, sabemos que ninguém nos dirá que não quer mais a nossa companhia simplesmente porque discorda de nós. Pelo menos não se a pessoa for maior de doze anos. Porém, o reflexo psicológico que nos fala que precisamos pensar o mesmo que os outros para sermos aceitos permanece ativo em nós por muito tempo depois de sairmos da escola.

Esse mecanismo é tão forte que não é apenas uma questão de nos sentirmos integrados quando concordam conosco, mas de também nos sentirmos melhores em relação a quem concorda conosco. E, naturalmente, preferimos ouvir as pessoas que apreciamos.

Se quiser que um cliente ou colega (ou pretendente) aceite alguma coisa, uma boa ideia é influenciá-lo a gostar de você. Isso é verdade, independentemente de você querer vender um telefone ou mudar uma noção preconcebida. Ao concordar de início com a pessoa, você a deixa muito mais receptiva a qualquer coisa que você tenha a dizer depois. Deixe-a explicar a opinião dela para você primeiro, como o fato de que certo telefone parece caro ou que certa pessoa parece fechada, e depois comece a sua próxima frase, dizendo: "Concordo". Sei que isso parece meio batido, mas continue lendo. Logo depois de dizer isso, pare por um segundo para deixar o fato de que você concorda calar na mente da pessoa. Depois, diga aquilo que você gostaria que ela aceitasse:

"Concordo que o iPhone 5 é caro... E isso significa que você está adquirindo um produto melhor."

"Concordo que o Fexeus foi prepotente sobre o próprio livro na introdução... Por isso é importante lê-lo atentamente até o fim para ver se ele tem razão."

Mas o que acontece quando você não concorda com o que está sendo dito? Tudo bem. Você pode ser bem vago sobre *exatamente que parte* do que foi dito você aceita. Quase sempre há alguma parte do que foi dito que você pode aceitar, mesmo sem concordar com a frase toda:

"Concordo com o que você está falando... É por isso que..."

"Concordo com parte do que você está falando, é claro... Além disso..."

"Concordo com aquele detalhe... Isso quer dizer que..."

Ou simplesmente:

"Basicamente, concordo e..."

Não estou sugerindo que a palavra "concordo" automaticamente fará todos amarem você e concordarem com tudo o que disser. Mas é um ótimo início, especialmente considerando o fato de que você terá resultados quase sem esforço algum.

Os truques linguísticos funcionam um pouco como *power--ups*. Quanto mais você usa e quanto mais consegue combiná-los, mais forte será o efeito. E qualquer um que já tenha jogado *R-Type* ou *Espgaluda* sabe que é absolutamente essencial usar todos os *power-ups* possíveis quando chegar a hora de enfrentar o chefão.

2.3 "E" em vez de "mas"

No último jogo de palavras, você estava usando uma técnica dual sem perceber. A parte "desconhecida" dessa técnica também funcionará muito bem em vários outros contextos. Observe outra vez esta frase do último item: "Concordo que o iPhone 5 é caro, e isso significa que você está adquirindo um produto melhor". Acho que você não falaria exatamente assim, provavelmente você diria: "Concordo que o iPhone 5 é caro, mas isso significa que você está adquirindo um produto melhor".

Percebeu a diferença? Para que a *fórmula de concordância* funcione, você precisa usar a palavra "e" ao conectar as duas frases. Jamais use a palavra "mas" nesse contexto, seria um erro fatal. "E" sugere que as informações seguintes são uma continuação natural do que foi dito antes: Estou com fome e quero comer. "Mas", por outro lado, sugere que as informações seguintes são uma contradição ou ressalva em relação à frase anterior: Estou com fome, mas não quero comer.

Em outras palavras, o macete que você acabou de aprender não é apenas uma questão de concordar com a pessoa com quem se fala, mas incluir a sua própria afirmativa e sugerir que é uma consequência direta do que você aceitou. Na prática, é mais ou menos assim:

"Concordo que... e, portanto..."

"Concordo que... e, também..."

"Concordo que... e isso significa que..."

"Concordo que... e, então..."

"Concordo que... e gostaria de acrescentar que..."

A conexão que "e" cria é tão forte que as frases ligadas por ele nem precisam combinar. Então, como eu disse: "Concordo que o iPhone 5 é caro, e isso significa que você está adquirindo um produto melhor". É claro que não é regra que algo é melhor simplesmente por ser caro. Porém, "e" sugere a existência de alguma relação causal entre as duas frases. Como você notou, bastou ler uma breve descrição dessa técnica para entender o que quero dizer.

(Não quero dizer que ler uma descrição breve fará você entender a mensagem. O que faz isso é a palavra "e".)

Você pode usar isso como um truque parecido com a técnica de concordar, mas a pessoa com quem se fala não precisa ter dito nada que você realmente aceite. Suponhamos que você tenha a opinião Y. Você sabe que pode não ser a mais popular das opiniões. Porém, você sabe que X é uma opinião popular. Então, comece com X, uma opinião aceita pelos outros, e depois conecte-a a Y assim: "É importante que X... E, portanto, Y..." Esse truque costuma ser usado na retórica política. É mais ou menos assim:

Partido amarelo: "Achamos que é importante cuidar dos idosos e, portanto, queremos aumentar os impostos".

Partido roxo: "Concordamos que é importante cuidar dos idosos e, portanto, queremos reduzir os impostos".

Esses partidos têm programas opostos. O partido amarelo quer melhorar o orçamento do sistema de saúde do município, enquanto o partido roxo quer melhorar o mercado para prestadores de saúde privados. Os dois têm as próprias opiniões e, depois, simplesmente acrescentando a palavra "e", relacionaram-na à mesma meta: cuidar melhor dos idosos. Uma meta aceita pela maioria de nós merece ser prioridade. Compare essa situação ao que acontece quando mudamos a palavra "e" para "mas":

"Achamos que a assistência geriátrica é importante, mas queremos reduzir os impostos."

Hum... Isso não convence ninguém.

É claro que essa técnica é útil em todos os tipos de contextos além da política.

"A empresa depende dos resultados deste projeto e, por isso mesmo, não devemos dar tanta ênfase aos números. Ao contrário, devemos focar na meta."

"Acho importante respeitarmos uns aos outros, e é por isso que você deve tirar a roupa agora para que possamos nos conhecer de verdade."

Ou, ainda, combinando com o truque da *concordância*:

"Concordo que isso não foi tratado como desejávamos, e por isso não é hora de parar."

"Concordo que este trabalho precisa ser feito e, portanto, acho importante esperar até que possa ser feito adequadamente."

Outra palavra fundamental neste contexto é "portanto". Ela indica que aquilo que segue "e" não é uma mera relação com a primeira frase; chega a ser uma consequência imediata dela. Observe a última frase que você leu: "Concordo que este trabalho precisa ser feito e, portanto, acho importante esperar até que possa ser feito adequadamente".

Se tentarmos retirar a palavra "portanto", não será tão convincente: "Concordo que este trabalho precisa ser feito e acho importante esperar até que possa ser feito adequadamente".

Se você analisar os últimos exemplos mais uma vez, verá que a palavra "portanto" está sempre presente ou é sugerida.

Uma variação de "e, portanto..." é a expressão "e isso significa que..." Isso também parece reverter a conexão causal. Ao dizer "portanto", você está dizendo "X e, portanto, Y...": "Estou com fome e, portanto, estou comendo". A expressão "E isso significa que..." funciona ao contrário: "Y, e isso significa que X...": "Estou comendo, e isso significa que estou com fome". Talvez pareça que estou me atendo a minúcias, mas essa forma de expressar as coisas pode parecer, com frequência, uma abordagem mais suave. Afinal, você optou por ler este livro movido pela própria curiosidade, e isso significa que você é alguém muito inteligente que está interessado em aprender tudo sobre os detalhes mais sutis envolvidos.

Percebeu?

De novo:

Você optou por ler este livro movido pela própria curiosidade, e isso significa que você é alguém muito inteligente, o que, por sua vez, significa que apreciará o valor potencial de aprender mais, participando de uma aula num fim de semana sobre os Jogos de Poder e, portanto, inscreva-se antes que a turma fique lotada.

Isso fez você desejar participar da aula? "E isso significa que...", "O que significa que...", "E, portanto..." Além do estímulo para comprar agora, porque todo mundo está comprando. Fácil assim.

2.4 Invertendo o "mas"

Agora você já sabe que "mas" gera uma oposição, enquanto "e" conecta. Outra característica dessas palavras é que "e" acrescenta um pensamento à frase anterior, enquanto "mas" apaga tudo o que veio antes. "Mas" funciona um pouco como a tecla "Delete" do seu computador. Se disserem: "Você escreveu um ótimo relatório, mas...", você achará que não foi tão bom assim. Ao contrário, você sabe que será criticado: "Você escreveu um ótimo relatório, mas ele contém muitas imprecisões factuais".

Esse é um padrão de expressão muito comum. Talvez o seu chefe tenha aprendido que é uma boa ideia sempre começar com uma afirmativa positiva para chamar a sua atenção e fazer você se sentir seguro antes de chegar a hora de transmitir o que ele realmente pensa. Infelizmente, ele nem imagina que você está muito à frente dele, pois já aprendeu a reconhecer esse truque subconscientemente. É claro que pode ter chegado a um ponto em que agora, ao ouvir algo positivo, você espere que logo depois venha a detestável palavra "mas".

Naturalmente, isso tem consequências para o seu modo de se expressar. Não quero dizer que você jamais deva usar a palavra "mas". Simplesmente tenha a certeza de usá-la do jeito certo. Você pode utilizar a função "apagar" de "mas" para expressar exatamente a mesma afirmativa crítica do seu chefe e, ainda assim, provocar uma emoção inteiramente diferente no receptor, simplesmente invertendo a ordem das palavras! *Comece* com a afirmativa crítica ou negativa que normalmente seguiria a palavra "mas". *Depois de* "mas", fale as coisas positivas que teriam sido usadas para começar a frase. Fica assim: "Parece que várias imprecisões factuais entraram no seu relatório, *mas* realmente é um texto incrível!"

É muito mais fácil aceitar críticas quando elas são expressas assim. Quando você permite que a afirmativa positiva apague os sentimentos causados pelos pontos negativos, é muito mais fácil aceitar ser criticado – embora o verdadeiro significado ainda seja idêntico ao enunciado anterior. A mensagem sobre as imprecisões factuais ainda está lá. Entretanto, você provocará uma *sensação* positiva no receptor, em vez de entristecê-lo. Assim, será mais fácil para ele corrigir os erros factuais, já que não estará num estado emocional defensivo que o leve a rejeitar a sua crítica, julgando-a injusta.

Você pode usar essa técnica em qualquer situação em que precise que alguém aceite informações negativas sem entrar num estado emocional contraproducente. Em vez de dizer ao seu filho: "Você sabe que pode sair o quanto quiser neste fim de semana, mas precisa ficar aqui hoje à noite", você pode inverter e dizer: "Você não pode sair hoje à noite, mas pode sair o quanto quiser neste fim de semana".

Não decepcione aquela sua colega atraente, dizendo: "Eu ainda vou levar você para jantar como prometi, mas aconteceu um imprevisto e não poderei ir hoje à noite". Ao contrário, diga: "É típico, aconteceu um imprevisto nesta noite, mas ainda vou levar você para jantar como prometi".

Mantenha a paz em casa, não dizendo: "Entendo que você ache *O prisioneiro*, com Patrick McGoohan, a melhor série que já existiu, mas prefiro *Lexx*". Diga: "Prefiro *Lexx*, mas entendo que você ache *O prisioneiro*, com Patrick McGoohan, a melhor série que já existiu".

Mas não é só isso. Como você é muito inteligente, também poderá tirar a ênfase das coisas que sabe que o destinatário não apreciará. Depois de se expor, use a palavra "e" e passe para uma pergunta conclusiva e positiva:

"Você não pode sair hoje à noite, mas pode sair o quanto quiser neste fim de semana, *e* é aí que você mais se diverte, *não é?*"

Mesmo se o seu filho não concordar com o horário de voltar para casa, ele não conseguirá transmitir isso antes de responder à pergunta sobre divertir-se mais no fim de semana. O foco passa da informação negativa para a resposta à pergunta: "Sim, é claro, eu acho..." Quaisquer objeções que ele apresente após esse ponto serão fracas, porque ele já admitiu que é mais divertido sair em outra noite.

Também será ótimo se você conseguir enunciar a questão como uma experiência, já que experiências nos despertam emoções, e uma emoção positiva animará mais a pessoa com quem você estiver falando. O que a sua colega pensará se ouvir você dizer:

"Eu ainda vou levar você para jantar como prometi, mas aconteceu um imprevisto e não poderei ir hoje à noite".

O sentimento será de decepção. Compare-o ao sentimento causado agora:

"É típico, aconteceu um imprevisto nesta noite, mas ainda vou levar você para jantar como prometi. Que tal na quinta-feira, no Boca Grande? *Lembra como a gente se divertiu na última vez que foi lá?*"

Em vez de desapontar a sua pretendente, rompendo a promessa, você lhe deu uma experiência positiva e a encheu de expectativas para a próxima saída. Nada mal para um jantar cancelado.

O revisor deste livro, John, usou exatamente essa técnica ao trabalhar com os originais. John precisava dizer ao meu editor, Adam, que estava atrasado na leitura do texto e que a reunião precisaria ser adiada. Mas, ao mesmo tempo, ele não queria aborrecer Adam. A maneira de John se expressar é um exemplo clássico do conceito que estamos discutindo:

"Ainda não terminei de ler, mas está ótimo, e vou acabar logo. Acho que devemos adiar a reunião para que nós dois possamos nos encontrar totalmente preparados e conseguir aquela magia que acontece quando trabalhamos juntos. Você não acha que isso produz reuniões realmente produtivas?"

John conseguiu adiar a reunião e Adam ficou aguardando ansiosamente a sua colaboração. (Só não conte nada a Adam.)

2.5 Mais sobre causa e efeito

Todas as nossas convicções são resultado de alguma conexão causal que acreditamos ter observado. Acreditamos em alguma coisa *por causa* de outra coisa. Acreditamos que a gravidade funciona *porque* as coisas caem no chão. Acreditamos que uma solução que permita a vitória das duas partes é a melhor *porque* promove colaboração futura. Acreditamos que não somos bons o suficiente *porque* alguém nos disse isso. Acreditamos em Deus *porque*... OK, talvez isso não. Mas você entendeu. Em termos gerais, não expressamos a causa subjacente assim. Em vez disso, nos concentramos no efeito. Acreditamos na gravidade ou na busca de uma solução que satisfaça as duas partes, ponto-final. Mas sempre existe uma causa.

Observe que a razão pela qual acreditamos que algo não precisa ser verdade é o suficiente para acreditarmos que seja verdade. Talvez ninguém realmente tenha nos falado que não éramos bons o suficiente, mas ouvimos de maneira errada o que a pessoa de fato falou, e achamos que ela quis dizer isso. E é o que basta. Essa pequena cambalhota mental pode ser usada para fazer as pessoas acreditarem mais em você. Nas ciências naturais, está estabelecido que a gravidade é causada pelas propriedades de atração da massa. Assim, algum cientista ficaria muito irritado comigo e questionaria a minha inteligência se eu dissesse a todos que o motivo pelo qual acredito na gravidade é o fato de que o cachorro do desenho animado *Droopy*, de Tex Avery, sempre me faz rir. Porém, na linguagem, não estamos limitados assim. Na linguagem, qualquer coisa pode ser a causa de qualquer efeito.

Veja esta frase, por exemplo: Ao ler este livro, você perceberá o quanto ele é valioso para você.

Parece verdadeiro e razoável, mas quais são a causa e o efeito, de verdade? O efeito, conforme o que foi dito, é que você perceberá como o livro é valioso. E a suposta causa é a sua leitura. O motivo para parecer razoável é, porém, simplesmente que ele está em conformidade com a lógica num sentido estritamente linguístico. Como eu disse, parece razoável. Literalmente. Mas isso nada diz sobre ser mesmo razoável ou verdadeiro. Nesse caso, em especial, espero que seja verdade, mas não precisa ser. Há várias palavras que você pode usar para afirmar a existência de uma relação causal entre duas afirmativas que na verdade não se relacionam assim. Palavras como *por, o qual, desde, significa, permite, pressupõe, leva a, necessita, estimula, possibilita, faz, será, enquanto* ou *determina* podem ser usadas para tal objetivo.

"O trabalho que fizemos sobre os valores da nossa empresa *significa* que agora podemos trabalhar de um modo totalmente diferente."

"A música 'Brand New Day', de *Dr. Horrible's Sing-Along-Blog*, me *possibilitou* voltar a acreditar em mim."

Se você pensar por um momento sobre um modo de usar essa técnica no seu cotidiano, perceberá como pode influenciar muito mais os outros do que antes.

E se você ainda não acredita em mim, observe melhor a última frase. Foi bem convincente, não foi?

Agora vamos dar mais um passo. Se dissermos que X causa Y, por exemplo, que a luz solar queima a pele, então isso também sugere que, quanto mais X tivermos, mais Y obteremos. Quanto mais nos expusermos à luz solar, mais queimados ficaremos. Simples lógica. Mas, na verdade, esse não é necessariamente o caso. Fica aparente, de imediato, que é possível ter mais X sem obter mais Y. Ainda que o seu desejo de comer chocolate branco e sorvete de morango leve você a sair e comprar um sorvete, isso não necessariamente significa que um desejo mais forte levaria você a comprar mais. Você pode adorar sorvete, mas só ter dinheiro para comprar um.

Mais uma vez, o nosso cérebro prefere a opção que soe razoável. E a ideia de que o aumento da causa produziria mais efeito *parece* uma verdade universal. Essa é outra cambalhota mental que, quando explorada corretamente, transmitirá mais credibilidade ao que você disser.

No último item, já definimos que ler este livro faria você perceber o quanto ele é valioso. Porém, quanto mais você o ler, mais valor encontrará nele em relação às suas necessidades específicas.

E, quanto mais forte for o seu desejo de aventura, mais rápido você vai me telefonar.

Sim, eu fiz de novo! E tudo pareceu razoável e verdadeiro, certo? As coisas que você rotula como causa e efeito podem ser até opostas. É um método útil quando você quiser que as pessoas parem de fazer algo que você não queira que façam.

"Quanto mais você pensar em negociar com os nossos concorrentes, mais perceberá como seria bom negociar conosco."

Quando os seus clientes ouvem uma declaração ilógica como essa, o cérebro deles começa a buscar formas de fazê-la parecer lógica (e, consequentemente, verdadeira). Eles estão pressupondo que aquilo que você falou provavelmente não é uma contradição, já que se contradizer não é um modo muito natural de falar sobre algo. Então, eles tentam descobrir alguma coisa que una as duas afirmativas e começam a pensar por que negociar com você será vantajoso, o que, por sua vez, significa que eles mesmos fornecerão os argumentos necessários para escolher você como parceiro comercial.

Ou, como eu costumava dizer no meu último espetáculo, *In Your Head*, quando eu pedia ao público para bater uma mão na outra: "Quanto mais abrirem as suas mãos, mais perceberão que elas estão coladas".

Noite após noite, centenas de pessoas percebiam, com certa frustração, que de repente não conseguiam voltar a abrir as mãos. O cérebro delas entendeu como causa e efeito e tratou de tornar tudo real.

2.6 Confusão – ou o quê?

O nosso cérebro não gosta de se sentir confuso e tende a aceitar a primeira conclusão lógica disponível que prometa esclarecer a confusão. Para conseguir que alguém aceite uma afirmativa sem relutar, pode fazer sentido confundi-lo um pouco primeiro, usando a palavra aparentemente inocente "ou".

Suponhamos que você deseje que um dos seus colegas faça alguma coisa, como entregar logo o relatório. Então, se você lhe disser que ele pode "entregar o relatório agora *ou*...", ele entenderá que aquilo que você está a ponto de dizer após a palavra "ou" será uma alternativa ao que veio antes. Agora *ou* depois. Hoje *ou* amanhã. Se, ao contrário, o que vier depois de "ou" for exatamente a mesma coisa de antes, como "agora *ou* imediatamente", o resultado será confusão. Haverá uma quebra das expectativas criadas pelo cérebro ao ouvir a palavra "ou". Naturalmente, ele também achará você meio grosseiro por ter dado um ultimato desses. Mas, se você enunciar assim, e imediatamente passar para uma frase sobre algo totalmente diferente, e depois finalizar tudo com uma pergunta, isso fará o cérebro dele se concentrar na parte mais fácil de entender. Por exemplo, se você falar: "Preciso que você me envie o relatório antes do almoço ou tenha a certeza de que eu o terei antes de você sair para almoçar – e, a propósito, espero que o seu trabalho no projeto esteja sendo tranquilo. Posso ajudar em alguma coisa?"

O cérebro dele pensará: "A primeira parte pareceu meio estranha, então vou deixá-la de lado por enquanto. O que ele disse depois? Sim, o projeto está tranquilo, mas eu gostaria de me reunir com ele e falar a respeito, então responderei:

'Sim, seria ótimo se pudéssemos conversar hoje à tarde."' Depois de chegar a esse ponto, a confusão inicial já foi esquecida.

É uma boa maneira de fazer as pessoas acharem que há opções abertas para elas, quando na verdade não há. O que você diz não some totalmente do cérebro da pessoa. A instrução para entregar o relatório imediatamente ainda existirá. *Você apenas garante que ele não perceba que nunca teve qualquer outra escolha.* Ele achará que está entregando o relatório antes do almoço porque ele mesmo optou por isso. Na realidade, essa "escolha" ficou guardada no subconsciente dele como a única alternativa disponível.

Pode parecer um jeito terrivelmente complicado de influenciar alguém a fazer o que provavelmente acabaria fazendo, de qualquer maneira, o que é verdade. Mas o relatório foi apenas um exemplo para ajudar você a entender como funciona. Essa técnica deve ser usada em situações em que você não sabe se a pessoa pretende fazer o que você deseja. É aí que a sua verdadeira força reside: "Estou totalmente convicto de que você, antes de ir embora, terá comprado o aspirador de pó ou decidido levá-lo para a sua casa. A questão é simplesmente se você acha melhor o vermelho ou o preto, o que me diz?"

Ele não terá chance.

É uma ótima função de "ou", outra palavrinha desprezada por todos! Aposto que você usará essa técnica para melhorar as suas habilidades comunicativas ou levar vantagem ao conversar. Talvez você já tenha começado a experimentar algumas das técnicas que aprendeu até agora. Se for o caso, terá percebido a eficácia delas e pode querer comprar todos os meus outros livros imediatamente, ou talvez esteja planejando comprar um de cada vez. A única coisa importante é que você está adquirindo o conhecimento específico necessário – e espero que esteja mesmo.

(Melhorar as suas habilidades comunicativas, é claro, é o mesmo que levar vantagem ao conversar. E para mim não faz diferença se você comprar os livros agora ou depois, contanto que os compre.)

2.7 Usando você do jeito certo

"Como isto me afetará?" É essa a primeira pergunta que passa pela nossa cabeça quando vemos, ouvimos ou experimentamos algo. Nós nos fazemos essa pergunta milhares de vezes ao dia sem pensar. A próxima pergunta que fazemos é se há algo ali para nós e, se tiver, o que é. Sempre faça essa outra pergunta a favor da pessoa com quem estiver conversando, mesmo que ela nunca a mencione, porque isso fará uma diferença enorme para os seus resultados. Pessoalmente, gosto de obter os máximos resultados com esforços mínimos, o que é uma propriedade óbvia desse truque, em especial. Tudo é uma questão de onde colocar estas quatro letrinhas: V, O, C e Ê.

Tente usar ao máximo a palavra "você" no início das suas frases, assim você priorizará a outra pessoa e os interesses dela, o que é um jeito perfeito de pedir um favor, por exemplo. Suponhamos que você não queira ir a uma reunião. Se você disser: "Eu tenho de ir à reunião?", parecerá que está considerando apenas os seus interesses. A resposta refletirá isso também: "Talvez você devesse pensar mais nos outros. Já pensou se todo mundo agisse como você?"

Mas, se você precisasse descrever a situação do ponto de vista da outra pessoa e perguntasse: "Você acha que consegue ficar sem mim na reunião?", deixa de ser uma questão de precisar ir ou não. Ao contrário, a questão é se a outra pessoa consegue ir sozinha ou não. E, em geral, consegue. "Tudo bem. Eu seguro as pontas."

E, em vez de dizer: "Preciso de ajuda", diga: "Você pode me ajudar?" A diferença pode ser pequena em termos puramente linguísticos, mas é enorme em termos de como a pergunta é recebida mentalmente. No primeiro caso, você está apenas declarando que precisa de ajuda. Você deixa a questão de fazer algo para o colega com quem estiver conversando. E ele pode não ter incentivo algum para ajudar você. No outro caso, você fez alguém se perguntar se pode ou não ajudar você. Se ele puder, assim o fará, já que se considera uma pessoa simpática e prestativa (como a maioria se considera).

Isso se aplica a tudo o que você disser. Torne as suas frases mais pessoais, explicando como aquilo que você diz afeta a pessoa com quem conversa. Em vez de dizer: "Muito bem!", diga: "Você fez muito bem!"

Você pode inspirar o envolvimento, falando: "Você verá que os resultados foram os esperados", em vez de apenas: "Os resultados foram os esperados".

Não diga ao seu chefe: "Há uma reunião na sexta-feira". Envolva-o pessoalmente, dizendo: "Você vem à reunião na sexta-feira, certo?"

Até agora tratamos da primeira pergunta ("Como isto me afetará?"). O próximo passo é tratar da segunda ("O que isto tem a ver comigo?"). Seja claro sobre o que isto tem a ver com a sua namorada se ela fizer o que você pedir. Se você pedir assim: "Stuart Gordon fez um filme novo, deve ser ótimo. Quer assistir comigo na sexta-feira?", ela pensará: "*Ele* diz que deve ser ótimo, mas será que *eu* vou achar ótimo?" Mas, se você pedir assim: "Você vai adorar o filme novo do Stuart Gordon. Venha assistir comigo na sexta-feira!", você já terá respondido a pergunta sobre o que tem a ver com ela – ela vai adorar! É claro que, mesmo assim, ela poderá se perguntar, ou perguntar a você (o que é mais provável), *por que* ela vai adorar. Tem um roteiro interessante, o figurino é espetacular, o Jeffrey Combs participa ou o quê? Mas preste atenção ao que acontece nesse momento. Ela está pedindo a você para ajudá-la a consolidar a ideia de que vai gostar do filme. Se *vai* gostar ou não deixou de ser um problema, agora a questão é *por que* ela vai gostar. Em geral você nem será questionado assim. Tendemos a evitar pensar demais sempre que possível, já que pensar demanda esforço. E, como você terá pensado por ela, decidido o que achar do filme por ela e dito o que tem a ver com ela – uma grande experiência cinematográfica –, ela não precisará pensar. E está tudo bem para ela, afinal, crescemos perto de pessoas que nos diziam o que pensar (como adultos, professores e outras autoridades), portanto é fácil retomar esse hábito.

Mostre às pessoas que você está pensando nelas, começando com a palavra "você", e depois explique o que a situação tem a ver com elas, então elas obedecerão a todos os seus caprichos por puro interesse próprio.

+♥

MAIS UMA VIDA!

A palavra "você" também é o segredo de um elogio. O problema com um elogio comum, como "Acho a sua jaqueta muito legal" é que, apesar de estar direcionado à pessoa que veste a jaqueta, transfere o foco para quem o pronuncia, enfatizando a opinião dessa pessoa. Talvez seja esse um dos motivos por que muita gente não gosta muito de elogios, entendendo que um elogio não passa de um jeito de alguém se exibir.

Você pode potencializar a eficácia de um elogio, mantendo o foco na pessoa a quem você o direciona. Mais uma vez, comece com a palavra "você". Não fale "Acho a sua jaqueta muito legal" nem "Acho que a sua postura na campanha foi incrível". Pare de falar sobre si mesmo! Ao contrário, diga: "Você fica muito bem com essa jaqueta" ou "Você fez um trabalho incrível na campanha".

2.8 Quanto mais ficamos juntos

Como todos nós queremos saber se somos parte de algo maior, o senso de comunidade é um dos conceitos mais úteis que existem. Por isso, você deve usar as palavras "nós" e "nos" sempre que tiver a oportunidade. Em geral reservamos essas palavras para quem conhecemos, pessoas com quem apreciamos nos relacionar ou que estejam ligadas a nós de alguma outra forma, como a nossa família ou colegas de trabalho. Ao usar "nós" e "nos", até em conversas com estranhos, você pode gerar um sentido de afinidade. Eles vão achar que você está mais próximo deles do que está na realidade e que vocês estão "no mesmo barco", o que, por sua vez, aumenta a probabilidade de eles atenderem o seu pedido.

Quase sempre é possível reformular uma frase de modo a incluir "nós" ou "nos". O exemplo mais fácil é algo que você já faz sem pensar. Aposto que você costuma dizer: "Que tempo bom para nós!" (Você também poderia dizer: "Como o tempo está bom!", mas não diz.) Nem sempre é tão importante ser muito específico sobre exatamente a quem "nós" se refere. Por exemplo, em relação ao tempo, "nós" provavelmente significa algo como "as pessoas que estão passando pelas mesmas condições meteorológicas". Por outro lado, em outros contextos, poderia significar "as pessoas deste departamento", "as pessoas que gostam de mate" ou apenas "seres humanos em geral". Normalmente não será necessário explicar sobre quem você está falando. O sentido de comunidade e integração continuará de qualquer modo e com precisão.

Por isso, não diga: "O relatório trimestral parece bom". É muito melhor dizer: "O *nosso* relatório trimestral parece bom". Em vez de "O que você acha que isso significará para a empresa?", fale: "O que você acha que isso significará para *nós*?" E em outras circunstâncias mais particulares, não diga: "Isso não parece muito confortável". Fale: "Você acha que temos coragem suficiente para fazer isso?"

2.9 Como ouvir corretamente

Algo que difere você de noventa e nove por cento da população é conhecer a importância de ouvir atentamente. Se quiser que os outros lhe deem poder, você deverá ouvir o que têm a dizer como se fosse a coisa mais importante do mundo. (Afinal de contas, pode ser mesmo.)

Porém, isso não será suficiente. Mais do que qualquer coisa, você precisa deixar claro que está ouvindo atentamente. Apesar do conceito tradicional de escuta ativa, isso não significa inserir pequenas confirmações monossilábicas para demonstrar que está prestando atenção. Pode parecer uma boa ideia salpicar alguns "ahan", "hum" e "puxa!" na sua escuta, mas eu gostaria de fazer uma pequena advertência. Ainda que encha a sua escuta de "ahans", você pode parecer totalmente desinteressado. Aposto que você já passou por isso. A pessoa com quem você conversa emite todos os ruídos certos para parecer que está atenta, mas fica bastante óbvio que ela não está ouvindo uma palavra sequer do que você está falando, porque você está tentando conversar enquanto ela redige um *e-mail*:

"Vou sair com um balde na cabeça todos os dias a partir da semana que vem."

"Ahan, que bom... Que droga! O computador enguiçou! O que você estava falando?"

"Nada."

Para mostrar que você se importa com o que alguém esteja tentando lhe dizer, é preciso ser melhor do que a velha rotina de "ahans". Use frases completas e um tom de voz que demonstre que você está mesmo ouvindo: "Entendo totalmente por que você fez aquilo!", "Mas o que aconteceu?", "Parece engraçado e meio assustador também!"

A pessoa precisa sentir que você não está apenas ouvindo, mas participando e mostrando estar envolvido com o que ela diz. Mostre interesse e faça perguntas subsequentes relevantes. Faça a pessoa achar que é importante para você. Isso tornará você e os seus desejos, como resultado, importantes para ela.

+ ♥

MAIS UMA VIDA!

A escuta ativa é considerada uma estratégia útil nas negociações, assim como em terapias e *coaching*. Aqui, a técnica baseia-se no ouvinte repetindo o que a outra pessoa acabou de falar, antecedido de "O que estou ouvindo você dizer é..."

Veremos mais detalhes no item 4.2, mas, resumindo, a teoria é que o falante ganhará mais empatia pelo ouvinte, já que gostamos de gente que se esforça para nos ouvir e entender, além de dar ao falante a oportunidade de mudar o que falou se acontecer de o ouvinte entender mal alguma coisa.

Acontece que algumas pesquisas indicam o exato oposto, ou seja, a escuta ativa às vezes não resulta em nada, como nos casamentos, por exemplo. Em alguns casos, ainda piora as coisas. Por outro lado, há provas dos benefícios da escuta ativa em outros contextos, por isso é uma boa ideia usar o *olhar* ativo também sempre que usar a escuta ativa. Você deve especialmente prestar atenção às expressões faciais da outra pessoa. Numa conversa, ao dizer as palavras "Então, o que estou ouvindo você dizer é...", olhe atentamente para a boca e o nariz da pessoa. Se perceber um enrugamento rápido no nariz ou um lado do lábio superior levantando sutilmente, é uma reação subsconsciente, porém desdenhosa em relação à sua estratégia. (Tente fazer isso em frente a um espelho se quiser aprender a reconhecer o desprezo nas pessoas.) Se vir um rosto assim, mude a sua abordagem assim que for possível para outra forma de escuta ativa ou algo totalmente diferente.

2.10 Quando não há nada a dizer

Até os melhores ouvintes têm seus dias ruins. Às vezes pode ser difícil pensar em comentários que demonstrem envolvimento. E, cá entre nós, haverá momentos em que você não terá energia para ouvir adequadamente. Raramente algo é interessante tanto para o ouvinte quanto para o falante. Em geral as pessoas falam coisas que você já sabia que iam falar ou que você já ouviu inúmeras vezes. Então, você às vezes simplesmente se desliga até perceber de repente que deve dizer algo inteligente ou mostrar empatia. E nada sai.

Felizmente, existe um truque linguístico simples que você pode usar para sair desse aperto: repita as últimas palavras que a pessoa disse e então parecerá que você estava ouvindo e sente-se envolvido. E também surte um efeito bônus maravilhoso. A pessoa com quem você estiver conversando será estimulada a falar mais ou explicar melhor, o que deixará a conversa ainda mais interessante (para ela, é claro) sem esforço algum da sua parte, porque ela continuará a falar sobre algo que interessa a ela. Veja um exemplo bem gritante:

"Ontem comi tantas maçãs que fiquei com dor de estômago."

"Dor de estômago?"

"É, eu não tinha comido muito antes."

"Você não tinha comido?"

"Tomei café da manhã cedo e depois tive muitas coisas para fazer."

"Então você teve muitas coisas para fazer?"

"Bem, eu tive de levar aquele barco que acabamos de comprar para a água."

"Vocês acabaram de comprar um barco?"

"Sim, eu não tinha contado para você? Economizamos por três anos e finalmente..."

E por aí vai. Entretanto, as conversas raramente permanecem num nível tão trivial por tanto tempo. Isso acontece porque repetir o que alguém acabou de falar é um método testado e verdadeiro para conhecer as motivações interiores de alguém. Pense, por exemplo, no pai de família que estava procurando um barco novo. Ele já havia dito ao vendedor que estava em busca de uma opção segura e forte para a sua família, mas não parecia muito interessado em nenhum dos barcos que o vendedor havia mostrado. Por fim, o vendedor mudou a abordagem. Em vez de mostrar ao homem mais barcos para a família, ele começou a repetir o que era dito:

"É bom, mas não sei se é o que quero."

"Não é o que você quer?"

"Não, acho que prefiro algo que tenha mais a minha cara."

"Mais a sua cara?"

"É, alguma coisa assim... mais rápida."

"Alguma coisa mais rápida?"

"Exatamente. Como aqueles barcos esportivos ali. Posso dar uma olhada?" O caso é que esse pai não estava procurando algo seguro e forte para a família. Não em seu íntimo. Ele queria alguma coisa com a qual pudesse se identificar, que ele pudesse pilotar com velocidade. O problema é que ele não tinha percebido isso antes, o que impossibilitava o vendedor de oferecer o que ele queria quando ainda estava perguntando sobre barcos para a família.

Ao repetir o que as pessoas estão falando, você não estará apenas mantendo o envolvimento delas na conversa com esforço mínimo da sua parte, mas também lhes dando a oportunidade de especificar e entender o que realmente querem dizer com mais detalhes. Elas nem sempre têm certeza. E essa informação será valiosa para você, seja para vender barcos ou opiniões.

2.11 A questão é o que está em foco

Às vezes a pessoa com quem você estiver conversando ficará presa numa linha de pensamento nada útil para você. Você e o seu chefe estão discutindo algo e ele se concentra num ponto específico do qual você prefere manter distância. O seu cliente começa a apresentar várias objeções quando você prefere falar sobre as vantagens do produto. O grupo que você está monitorando começa a discutir coisas que não são relevantes ao tópico do dia. A pessoa que você está paquerando começa a falar que o resto da empresa comentará sobre vocês dois, enquanto você prefere falar sobre um lugar para jantar.

Em situações assim, é preciso conduzir os pensamentos da pessoa por um caminho que sirva melhor aos seus objetivos. A maneira ruim de fazer isso, e que é muito usada, é dizer: "Temos que falar sobre isso agora?" ou "Isso não nos levará a lugar algum, é melhor mudarmos de assunto". O que você conseguirá com isso é parecer um resmungão e revelar os seus verdadeiros interesses. A maneira boa de fazer isso é usar um jogo sutil de palavras. Mude o foco do que a pessoa estiver falando para o que você deseja falar, usando as palavras: "A questão não é... a questão é..."

"A questão não é o problema que você possa enfrentar; a questão é se você consegue viver sem os benefícios que isso vai proporcionar."

"A questão não é ser caro ou não, a questão é se isso é o que você realmente quer."

"A questão não é o número de pessoas que falarão a respeito; a questão é o quanto você planeja se divertir hoje à noite."

Essa técnica inclusive permitirá que você controle o tópico da conversa e conduza-o para algo completamente diferente e que nem precisa se relacionar ao primeiro tópico. Suponha que eu esteja tentando influenciar você a comprar este livro, o qual você está folheando neste momento numa livraria. Você, contudo, está mais interessado em saber quais filmes estão em cartaz hoje à noite. Dois tópicos totalmente diferentes. Mas, se você pensar, provavelmente perceberá que a questão não é qual filme você deve ver, a questão é o melhor uso do seu tempo livre. Entendo que você queira se divertir, mas a questão é o que haveria nisso além de uma distração momentânea. Se você pudesse se divertir ao mesmo tempo em que aprendesse técnicas para influenciar as pessoas a fazerem o que você quer, não seria melhor? A questão não é o tempo que será necessário, a questão é quando você deve começar. Você gostaria de pagar por este livro agora ou no caixa, ao sair?

2.12 Rompendo o padrão

Muitas das nossas ações são sequências pré-programadas de eventos que realizamos no piloto automático. Quando apertamos a mão de alguém, por exemplo, levantamos e estendemos o braço, seguramos a mão da pessoa, olhamos para os olhos dela, movemos a mão para cima e para baixo e dizemos o nosso nome. Tudo isso ocorre sem que precisemos pensar em cada fase individual do processo. Em vez disso, usamos um padrão de comportamento que o nosso cérebro aprendeu a manipular automaticamente através da repetição.

Esses padrões são tão óbvios que, ao interromper um padrão programado numa colega que você esteja cumprimentando, por exemplo, estendendo a sua mão e depois agindo de maneira imprevisível durante o aperto de mão, você pode fazê-la entrar num estado temporário de confusão. O cérebro dela levará um tempo para notar que a programação não é mais relevante. O cérebro achava que sabia o que estava por vir e, então, algo inesperado aconteceu de repente, transtornando-o. Agora ele precisa analisar a situação rapidamente para determinar o que fazer. O cérebro buscará freneticamente outras instruções e, como foi você quem rompeu o padrão, será sua a função de descobrir o que está acontecendo. Nesse momento, o cérebro da sua colega entrará num estado muito sugestionável em que ficará extremamente receptivo a qualquer tentativa de influência. Em outras palavras, ideias e sugestões que você gostaria que ela aceitasse sem muita análise.

Porém, o que você sugerir nessa situação deve ser algo simples e claro, como permitir que você passe na frente dela na fila da cantina ou convidar você para o *show*. Não há muito tempo para plantar a ideia e qualquer sugestão mais complicada do que isso apenas a deixará confusa em relação ao seu pedido. Também ajuda se for algo relativamente fácil para a pessoa aceitar. Duvido que funcione se você entrar na sala da sua chefe, cumprimentá-la de modo estranho e depois pedir que o seu salário seja dobrado. (Mas fique à vontade para tentar, se desejar!) Por outro lado, você pode plantar a ideia de que merece mais do que está ganhando no momento. E, naturalmente, seria uma atitude muito útil para o seu chefe nas próximas negociações salariais.

Pode parecer estranho que a interrupção dos padrões comportamentais arraigados de alguém seja um método tão eficaz. Mas apenas parece estranho até você mesmo tentar. Ela funciona tão bem que os hipnotizadores costumam usar o aperto de mão interrompido quando estão com pressa e precisam levar alguém a um estado hipnótico por meio de sugestão rapidamente.

O aperto de mão é somente um exemplo. Você pode identificar padrões que possam ser rompidos em qualquer contexto. Alguns deles são comuns e usados por todos nós, mas também temos vários padrões que são exclusivamente nossos. Se perceber que a sua colega desliga o computador, arruma a pilha de papéis na mesa e depois empurra a cadeira para baixo da mesa num movimento rotineiro e contínuo antes de ir embora da empresa, você sabe que é um comportamento automático dela que pode ser interrompido para deixá-la altamente sugestionável. Por exemplo, você pode empurrar a cadeira no exato momento em que ela faria isso. Quando ela estiver pensando no que fazer com a mão estendida, que ia alcançar a cadeira, você a segura, olha para ela e diz: "Você e eu vamos nos divertir mesmo" e solta a mão dela rapidamente, mudando de assunto, como os seus planos para o fim de semana, por exemplo.

Como acontece com qualquer técnica usada para influenciar os outros, é importante não deixar que o cérebro da pessoa faça uma dedução inversa do evento após o fato.

+♥

MAIS UMA VIDA!

Esse tipo de padrão comportamental também pode existir em âmbito mais geral. Se alguém estiver extremamente irritado, a ponto de lhe dar um tapa, você pode considerar como padrão a relação entre a irritação e a agressão que se origina dela. Se não quiser levar o tapa, precisará ser capaz de interromper esse padrão. Uma variação no rompimento do padrão é dizer algo inteiramente ilógico. Ao falar algo completamente fora do contexto, com convicção, você pode confundir a mente da pessoa. Enquanto a pessoa se esforça para recobrar a calma, você assume o controle da situação e a desvia dos atos agressivos.

"Seu canalha, eu vou..."

"O meu gato tinha sete anos quando morreu."

"O quê????"

"O meu gato. Ele viveu sete anos antes de morrer."

"Do que está falando?"

"Você já teve um gato?"

"O que isso tem a ver..."

"Sete anos são muito tempo para um gato. Muitos não vivem tanto."

"..."

"Como você está? Quer conversar?"

2.13 Acompanhamento e condução

Acho que você está lendo este livro porque quer controlar todos os aspectos da sua vida. Também quer se proteger de tentativas antiéticas de influência. Agora que já está lendo há algum tempo e talvez até tenha experimentado algumas coisas, vários métodos práticos que podem conduzir a isso, você deve estar se sentindo mais no controle do que antes. Aposto que você gosta dessa sensação e isso é ótimo. Você pode até estar sentindo aumentar o controle ao ler estas palavras. Não sei onde você está nem se o ambiente é agitado ou tranquilo. O aspecto mais interessante, porém, é o seu ambiente interno. Neste exato momento, ele está se transformando em algo totalmente novo à medida que você percebe como a sua vida pode mudar ao começar a jogar os Jogos de Poder imediatamente. Como você viu, eles funcionam tanto na vida pessoal quanto no trabalho.

Entendo se você estiver se sentindo esfuziante com todas essas ideias e conhecimentos novos, e quiser dividi-los com os seus conhecidos. Nesse caso, você só precisa lhes dar este livro. Eles ficarão gratos.

Mas, antes de encomendar vinte exemplares na livraria mais próxima, acho que devemos falar sobre o jogo de palavras *acompanhamento e condução*.

Acompanhamento e condução são outra técnica que tomaremos emprestada do mundo burlesco dos hipnotizadores. Quando conduzo alguém a um estado hipnótico, o trabalho consiste amplamente em levar a minha vítima (voluntária) a um estado em que não resista a mim nem às minhas sugestões. Se eu disser "Relaxe e mergulhe fundo em si mesmo", não quero que ela responda "Não vou fazer isso!" Preciso que a pessoa me obedeça automaticamente. Mas o problema com a sugestão (relaxar, por exemplo) é: não passa de uma sugestão. E sugestões podem ser rejeitadas. Assim, sugestões hipnóticas misturam-se com afirmações que a pessoa a ser hipnotizada já sabe que são verdadeiras. Isso é feito com a esperança de que ela aceite as sugestões menos exatas, acreditando nelas também:

"Ao ouvir a minha voz agora e ver os pássaros pela janela, você começará a notar que o seu corpo está relaxando cada vez mais."

As duas primeiras afirmativas (sobre a voz e os pássaros) são verdadeiras e, embora a terceira pudesse ser também, não precisa. Mas o fato de estar inserida num contexto de afirmativas verdadeiras facilita muito que a pessoa acredite nessa sugestão também e comece a relaxar. (Como você pode ver, esse enunciado também segue o modelo que usamos para causa e efeito, já que a terceira afirmativa é expressa como consequência das duas primeiras. Se eu quiser realmente enfatizar, posso incluir a nossa palavrinha favorita "e" ao que eu quiser que ela aceite para fortalecer a conexão com as minhas afirmativas verdadeiras.)

Isso se chama *acompanhamento e condução* por um motivo. Ao usar essa técnica, você começa com o acompanhamento, o que envolve seguir qualquer coisa que a pessoa esteja sentindo. Você se adapta aos conceitos dela sobre o que é verdadeiro antes de conduzi-la àquele que você deseja que ela considere verdadeiro. Também é útil se as afirmativas verdadeiras estiverem relacionadas de modo a poderem ser usadas como partes de uma conversa natural, como na frase anterior. Isso pode tornar essa técnica hipnótica absolutamente indetectável.

Ao ler essa explicação e começar a entender por que funciona, é claro que você desejará conhecê-la melhor imediatamente. E vem mais por aí. Mas antes volte algumas frases. Duas frases verdadeiras – ao ler essa explicação e começar a entendê-la – e depois uma sugestão de que você desejará conhecê-la melhor imediatamente. Desconfio de que você concordou comigo sem reservas. Nesse caso, agora você deve estar meio chateado e inquieto, esperando que eu tripudie e, depois, prossiga.

Se você trabalha com vendas, pode estar pensando que tudo isso é muito parecido com o conceito de "Repetição do Sim", em que você leva alguém a responder "sim" duas ou três vezes sucessivas, esperando que responda do mesmo jeito à próxima pergunta: Você gosta de ir ao teatro? (*Sim.*) Você gosta do Robin Williams? (*Sim, é claro.*) Você gostaria de ir ao *show*? (*Acho...*) Tenho ingressos para amanhã, quando posso buscar você? (*Que livro é este que você está lendo?*)

Embora esse método também se baseie na ideia de incluir algo novo a uma cadeia de pensamentos que já tenha sido aceita, o acompanhamento e a condução na verdade envolvem mais um componente vital. Em vez de as afirmativas reais não se referirem a nada (como Robin Williams), elas são sempre coisas que a outra pessoa esteja *vivendo* no momento, coisas que possam ser confirmadas como verdadeiras apenas com o estímulo sensorial. Ela pode *ouvir* a minha voz, *ver* os pássaros, você está *lendo* e está começando a *entender* algo. A verdade por trás de afirmativas assim é mais imediata. Não é necessário raciocinar para constatá-la, você pode simplesmente dizer que é verdade com base no que o seu corpo lhe diz. Você concorda sem precisar dizer. É por isso que essas verdades são vivenciadas com mais profundidade e poder do que afirmativas abstratas sobre atores diferentes que possamos apreciar ou não. Além disso, note que as sugestões hipnóticas seguintes também são enunciadas em termos de experiências imediatas: "você perceberá que todo o seu corpo está relaxando cada vez mais", "você desejará saber mais" etc. Quando transformamos uma experiência em realidade para nós mesmos, é uma verdade muito mais íntima e pessoal do que alguma decisão sobre querermos ou não ir ao teatro. Se quiser que os outros sigam a sua condução, é preciso impressioná-los ao máximo.

Estou exagerando um pouco. É improvável que você mude opiniões simplesmente fazendo a pessoa concordar com uma única afirmativa nova. Mas esse não é o ponto, de qualquer maneira. A técnica de acompanhar e conduzir deve ser usada repetidamente numa conversa. Sempre que repetir, você reduz o número de verdades que precedem a sua sugestão de condução. Depois de um tempo, apenas será necessário dizer uma frase de acompanhamento antes de uma série inteira de sugestões. É lógico que isso deve ser adaptado às respostas que você obtiver, mas um padrão razoável pode ser mais ou menos assim:

Fase 1: Acompanhamento – acompanhamento – acompanhamento – condução

Fase 2: Acompanhamento – acompanhamento – condução

Fase 3: Acompanhamento – acompanhamento – condução – condução

Fase 4: Acompanhamento – condução – condução – condução

Talvez você possa ser pedagógico demais, então sugiro que observemos a introdução deste jogo de palavras que você acabou de ler na página 121 e a analisemos de acordo com o padrão anterior.

Fase 1

(*Acompanhamento*) Acho que você está lendo este livro porque quer controlar todos os aspectos da sua vida. (*Acompanhamento*) Também quer se proteger de tentativas antiéticas de influência. (*Acompanhamento*) Agora que você já está lendo há algum tempo e talvez até tenha experimentado algumas coisas, vários métodos práticos que podem conduzir a isso, (*Condução*) você deve estar se sentindo mais no controle do que antes.

Fase 2

(Acompanhamento) Aposto que você gosta dessa sensação *(Acompanhamento)* e isso é ótimo. *(Condução)* Você pode até estar sentindo aumentar o controle ao ler estas palavras.

Fase 3

(Acompanhamento) Não sei onde você está *(Acompanhamento)* nem se o ambiente onde você está é agitado ou tranquilo. *(Condução)* O aspecto mais interessante, porém, é o seu ambiente interno. Neste exato momento, ele está se transformando em algo totalmente novo *(Condução)* à medida que você percebe como a sua vida pode mudar ao começar a jogar os Jogos de Poder imediatamente.

Fase 4

(Acompanhamento) Como você viu, eles funcionam tanto na vida pessoal quanto no trabalho. *(Condução)* Entendo se você estiver se sentindo esfuziante com todas essas ideias e conhecimentos novos, *(Condução)* e quiser dividi-los com os seus conhecidos. *(Condução)* Nesse caso, você só precisa lhes dar este livro. Eles ficarão gratos.

Agora me diga: quantos exemplares você quis encomendar?

2.14 Uma manobra combinada

O seu cérebro está condicionado para avaliar fatos negativos de maneira pior do que avalia fatos positivos como bons, em geral. A tristeza com a perda de um ursinho de pelúcia é maior do que a alegria de encontrar um. A perda de um emprego é mais significativa do que a felicidade de conquistar um emprego novo. Em geral, enfatizamos mais a prevenção da dor do que a conquista do prazer. Moldamos os nossos pensamentos de modo a fugir do desconforto em vez de buscarmos ativamente a felicidade e experiências positivas. É por isso que tantos comerciais baseiam-se na ideia de que você tem algum problema que o produto anunciado resolverá (por exemplo, ajudando você a evitar algo negativo), em vez de simplesmente explicarem as qualidades do produto (que seria a oferta de algo positivo). Costumamos ouvir coisas assim nos comerciais de TV:

"Você não consegue dormir?"

"Você sente dor de cabeça?"

"Você sente medo de mostrar os dentes ao sorrir?"

Você pode explorar esse mesmo mecanismo psicológico para influenciar as pessoas a entender por que devem seguir a sua sugestão. Não se preocupe com o fato de os seus concorrentes gastarem tanta energia explicando às pessoas por que a ideia ou produto deles é tão sensacional. Ao contrário, comece indicando os problemas que o seu cliente, chefe ou filhos enfrentam. Depois, explique que você está oferecendo uma solução. Ao perceberem que você tem razão, você terá toda a atenção deles. Mas isso não basta. Você quer que eles aceitem a sua solução, e não se limitem a somente gostar dela. Para convencê-los, inclua esta frase: "Se você não fizer nada agora, vai piorar".

Veja como fica ao conversar com um cliente: "Percebo que você está tendo dificuldade para fazer a equipe cumprir os prazos porque eles estão perdendo muito tempo planejando. Esse *software* permite manusear até cem projetos diferentes detalhadamente, o que poupa quarenta horas de administração por mês com apenas vinte projetos ativos. E, considerando que você está assumindo mais projetos do que antes, esse caos vai piorar, e mais clientes ficarão insatisfeitos, a menos que você faça alguma coisa agora".

Diga aos seus filhos: "Vocês estão dizendo que querem viajar, mas não têm dinheiro para irem sozinhos. É um problema. Mas eu posso dar 20 reais a vocês sempre que limparem o chão em casa. Faltam dez semanas para as férias do verão e a viagem custará 200 reais. Isso resolveria o problema de vocês se começarem imediatamente. Quanto mais esperarem, menos vão se divertir, porque as outras escolas também fecharão para o verão antes de irmos e todos os lugares estarão lotados".

E se o seu chefe tiver um cliente importante com quem você queira trabalhar, você pode dizer: "Acho que será difícil viajar de férias para Aruba, como você vinha planejando para este ano, se ficar responsável por aquela conta nova. Será preciso delegar. Sugiro que administremos a conta juntos até o verão e, quando você for, eu poderei assumi-la. Se você não delegar o trabalho, tudo vai piorar, você não terá tempo para a sua família nem para si mesmo, o que não lhe fará bem. Qual é mesmo o nome do nosso contato lá?"

A diferença entre o mal astuto e o cuidado amoroso às vezes é apenas uma questão de perspectiva.

+♥

MAIS UMA VIDA!

Às vezes não existe um problema específico para resolver. Ficamos num tipo de estado neutro em que a nossa vida pode não parecer tão rosa, mas também não enfrentamos nenhum problema sério. Isso torna a nossa motivação para mudar extremamente baixa. Em situações assim, a sua primeira tarefa será fazer a pessoa entender que aquilo que parece um estado neutro é, na verdade, um estado negativo.

Você precisa explicar as consequências negativas de não fazer algo em relação à situação:

"Você pode pensar que fazer o que sempre fez é bom, mas o problema é que o resto do mundo está sempre indo em frente. Se você continuar assim, logo será deixado para trás."

"Se não começar a fazer isso agora, ficará em desvantagem em comparação a todas as pessoas que já estão fazendo."

"Você quer mesmo ficar parado no tempo e receber um salário miserável para o resto da vida?"

E por aí vai. Pode parecer cruel, mas, como dizem, vale tudo no amor, na guerra e no poder.

2.15 Sensibilize corações e mentes

É raro um pensamento puramente racional fazer alguém agir. Um pensamento racional pode explicar por que algo deve ser feito, mas, se tal pensamento não for acompanhado de uma emoção, nada acontecerá. E não é nada estranho. Do ponto de vista do nosso corpo, o que sentimos como emoção consiste na liberação de endorfinas e hormônios específicos, que são exatamente as substâncias necessárias para nos colocar em ação. Por exemplo, é difícil começar a correr sem antes receber uma dose de adrenalina. É por isso que os melhores oradores sempre tentam despertar emoções fortes nos ouvintes. Emoções levam a ações. Portanto, o argumento racional quase sempre desempenhará um papel secundário na influência e nos Jogos de Poder estratégicos – estratégia usada tanto por Martin Luther King quanto Adolf Hitler (provavelmente a única característica comum aos dois).

Mas, como eu disse, não se trata simplesmente de despertar as emoções que podem levar alguém a agir. Quanto mais emoções você consiga provocar, mais a pessoa ficará enfeitiçada por você. Quanto maior a vivacidade provocada nas sensações das pessoas, mais cativadas elas serão pela sua mensagem. Veja uma introdução alternativa para este livro que você está lendo, redigida de modo a ilustrar isso:

Primeiro, eu apenas gostaria de dizer: "Obrigado!" O fato de ter escolhido este livro indica que você é uma das poucas pessoas que se valorizam o bastante para saber que o conhecimento dos Jogos de Poder sociais é essencial. É muito comum esquecermos de nos orgulhar dos nossos atos ou não termos coragem para tanto. Então, vá em frente e cumprimente a si mesmo por ter percebido isso.

A maior parte da minha vida adulta tem sido dedicada a trabalhar com vários aspectos do comportamento e da influência. Infelizmente, percebi que existem pessoas que, sem nenhum pudor, exploram essas técnicas para causar o mal, intencionalmente ou não, e que nos despertam sentimentos ruins e atitudes indesejadas. O único modo de se proteger dessa influência negativa é estar consciente dela e adquirir uma estratégia adequada para combatê-la. Essa estratégia de proteção se chama "Jogos de Poder".

Não quero assustar você, mas o uso negativo do poder pelos outros pode prejudicar diretamente a sua saúde mental e física. Você está sujeito a milhares de tentativas de influência todos os dias e a minoria delas é benevolente.

Entretanto, há um outro lado na moeda. Os mesmos métodos usados para exercer poder de maneira antiética podem ser usados para formas mais construtivas e positivas de influência. As técnicas que você encontrará neste livro devem ser usadas em seu benefício, mas também em benefício das pessoas do seu convívio. Não importa se a sua meta for conseguir o emprego perfeito ou o parceiro ideal – quando estiver jogando os Jogos de Poder corretamente, você conseguirá derrotar qualquer tentativa tosca de influência e estará concentrado em iluminar a sua vida e a dos outros.

Aqueles que já sabem como jogar os Jogos de Poder em geral são pessoas positivas e vívidas que acreditam serem capazes de conquistar tudo o que desejam. Se encontrar uma pessoa feliz que diga algo como "a vida tem muito a oferecer" e que também pareça já ter conquistado metade do que estiver oferecendo, é provável que ela já domine os Jogos de Poder.

É muito comum pensarmos em algo que gostaríamos de fazer, que poderia realmente impactar a nossa vida, e desistirmos antes de alcançar a nossa meta. A nova identidade que criaremos para nós mesmos acaba ficando esquecida na caixa das "Coisas que Nunca Aconteceram", que já está quase transbordando. O mesmo ocorre com os Jogos de Poder. Você deu um grande passo ao adquirir este livro, mas será que está mesmo convicto a realmente aprender e usar estas técnicas novas? Para muitos de vocês, a resposta honesta provavelmente é: "Nem tanto, estou apenas curioso". Tudo bem. A curiosidade é uma coisa boa. Porém, às vezes a curiosidade é usada como desculpa para a preguiça. Se você tem a certeza de que é uma daquelas pessoas que raramente têm a fibra de perceber o verdadeiro significado das coisas, que tipo de autoimagem está dando a si mesmo sempre que percebe não estar conseguindo corresponder às próprias expectativas?

Desacreditar de si mesmo é uma das perdas mais trágicas que você pode sofrer. Quando aquela ansiedade chega, a maioria acha que precisa fazer algo para mudar a própria condição, mas não sabe o que fazer porque, se soubesse, não estaria nessa situação, para começar. Isso gera ainda mais ansiedade. Não há nada pior do que sentir que se perdeu o controle da própria vida.

Felizmente, a solução é simples. O primeiro passo é decidir aprender os Jogos de Poder, ser capaz de assumir o controle da sua situação de um jeito que você jamais imaginou possível. Ninguém pode impedir você de se fortalecer assim, não importa o quanto sejam hábeis em influenciar as pessoas. E você conseguirá preservar o seu novo eu mais forte e mais feliz para o resto da vida.

Quando começar a dominar estas técnicas e controlar todos os aspectos da sua situação, acho que você também terá uma grande sensação de alívio. Em vez de precisar se preocupar com um modo de evitar ser esmagado pelos outros, você estará livre para pensar no que gosta. Pode ser tirar férias esquiando, criar sistemas de cinema em casa ou ser o chefe.

Há muitas coisas a desejar. Você notará como este verdadeiro poder que está prestes a conquistar mudará o seu comportamento para melhor. Você ficará mais relaxado, será mais fácil conversar com quem quiser e você terá uma sensação de liberdade ao perceber que não é mais vítima de influências negativas e que todos estão do seu lado, prontos e dispostos a fazer o que você desejar.

Lembre: em geral nos arrependemos do que não fizemos. Raramente nos arrependemos do que fizemos. O problema é que nenhum de nós sabe quanto tempo tem para viver. Você começa com todas as oportunidades do mundo e... de repente não tem mais nenhuma. Todo novo momento é uma nova oportunidade e, depois de saber como jogar os Jogos de Poder, você conseguirá usar esses momentos de modos totalmente novos. A única coisa da qual se arrependerá é não ter aprendido tudo isso antes.

Você já começou e agora só precisa ser perseverante. Não estou afirmando que os Jogos de Poder são a garantia de que a sua vida mudará, mas prometo que nada será o mesmo quando você terminar.

Como se sente agora? Animado diante de todas as possibilidades à sua espera se usar os Jogos de Poder? Chegou a definir uma meta e decidiu mudar de vida? Está satisfeito por ter adquirido um exemplar deste livro? Se a resposta for afirmativa, era esse o objetivo – entre outras coisas. O propósito do texto anterior era levar você a uma montanha-russa emocional e fazê-lo sentir que precisa deste livro muito mais do que imaginava. O texto tem doze parágrafos e cada um envolve uma emoção específica. Na ordem: orgulho, raiva, medo, esperança, inveja, vergonha, tristeza, felicidade, alívio, expectativa, arrependimento e curiosidade. Mas, se analisar melhor, perceberá que não contém um único argumento racional ou motivos baseados em fatos que justifiquem ler ou comprar este livro. Não é necessário. As emoções dão conta do recado.

Em outras palavras, se estiver tentando inspirar envolvimento, determinação e foco, faça como todos os grandes líderes políticos. Fale primeiro às emoções, dizendo às pessoas quais são as suas visões e sonhos. A razão sempre vem em segundo lugar.

2.16 Palavras a evitar

Os truques linguísticos que você aprendeu neste jogo são como mísseis direcionados à mente das pessoas, mas também há campos minados que você precisa observar. Eles consistem em palavras específicas que você deve evitar a todo custo em negociações, reuniões, encontros amorosos ou qualquer outro tipo de situação. Essas palavras podem parecer muito inocentes, mas, se usá-las, a pessoa com quem estiver conversando achará você fraco, indeciso, facilmente influenciável, e não desejará perder tempo com você. Essas palavras também poderão ser usadas contra você. Quando isso acontece, você é psicologicamente pressionado a assumir uma postura indesejável.

Infelizmente, as palavras que geram esse campo minado psicológico são algumas das mais comuns da língua portuguesa. Então, cuidado se ouvir ou perceber que está usando as seguintes palavras:

Mas

Como já estabelecemos, "mas" contradiz tudo o que vem antes. Se eu disser "Quero ajudar você, mas..." você saberá que eu na verdade não quero ajudar. Retire "mas" da sua fala ao máximo e substitua-o por "e", ou inverta a ordem, como aprendeu a fazer no item 2.4.

Se ouvir alguém dizer: "Quero ajudar você, mas...", você precisará decidir se vale a pena tentar influenciar essa pessoa a querer ajudá-lo ou se é melhor desistir, sem perder tempo. Se ele persistir em dizer "mas", você sabe que ainda não o convenceu.

Tentar

Tal palavra sugere, embora sutilmente, que é improvável conseguir. As palavras "Seria bom se você tentasse aprender" sugerem a frase "Mas você provavelmente não conseguirá ou não será bem-sucedido". Costumamos usar a palavra "tentar" para explicar que a nossa ambição é fazer algo, mas que não podemos garantir nenhum resultado específico. "Tentarei ao máximo" dá no mesmo, já que ainda abrimos espaço para a derrota. Conseguir um resultado não pretendido não é necessariamente o mesmo que ser derrotado. Não é derrota até você decidir que é. É melhor parar de pensar assim e expressar-se mais assertivamente: "Aprenderei da melhor maneira possível". Ou "Me esforçarei ao máximo para fazer". Depois, caberá a você decidir exatamente o que isso significa. Como dizia Yoda: "Faça. Ou não faça. Não existe tentativa".

Se

Em certos contextos, é o mesmo caso de "tentar", como quando você diz: "*Se* você conseguir resolver, será ótimo [mas parece que você não resolverá]". Mas "se" também tem outra função negativa quando usado para pressupor que alguém não desejará fazer o que você está pedindo. A frase "*Se* quiser que continuemos a trabalhar com isso, sugiro que seja na quinta-feira" dará à pessoa uma oportunidade para refletir e talvez decidir que não quer continuar a trabalhar com isso, afinal de contas. Se estiver mesmo querendo questionar o interesse de alguém, é um uso adequado da palavra, mas em geral ela é usada como algum tipo de polidez equivocada. Na verdade estamos contando que a pessoa deseja continuar. Isso torna "se" desnecessário e uma fonte de incertezas. Suponha que a pessoa deseje fazer o mesmo que você: "Sugiro que continuemos na quinta-feira".

Talvez, quem sabe, possivelmente

Tais palavras não significam "sim" nem "não". Não são exatamente negativas, tampouco positivas. Nada definem. Cuidado para não as usar de modo a provocar um desvio na mensagem que deseja transmitir.

Teria, deveria, poderia

Essas palavras costumam soar escusatórias, até mesmo queixosas, quando você as usa em relação a si mesmo. "Aaaahhhh, eu poderia ter feito de outro jeito! Eu deveria ter pensado nisso. Isso teria tido outro resultado." Para piorar, estão todas no futuro do pretérito. Não há nada errado com essas palavras se forem usadas corretamente, mas, se quiser jogar bem os Jogos de Poder, você deve manter a pessoa com quem estiver conversando no presente, onde todas as coisas boas estão acontecendo. Transportar alguém para um futuro hipotético, usando o tempo verbal errado, pode destruir a habilidade dele de agir no presente. Afinal, é no presente que ele *pode*, *deve* e *tem* de agir a respeito do que você sugerir.

Não

A palavra "não" é uma negação. Ela representa algo que não existe propriamente dito, e sua função linguística é meramente apagar, como "mas". Para entender a palavra "não", precisamos começar entendendo as suas aplicações. Para entender a frase "Tente não pensar na Roseanne Barr envolta em *bacon*", primeiro você precisará ter certeza de que entende o que é "Roseanne Barr envolta em *bacon*" – e aí já será tarde demais. Se usar "não" assim, você poderá plantar involuntariamente na cabeça das pessoas imagens que na verdade não quer. Talvez a sua intenção fosse exatamente o contrário. Suponha que você diga: "Os produtos dos concorrentes definitivamente não são melhores do que os nossos". Para entender essa afirmação, preciso entender o que faria os produtos dos concorrentes serem melhores do que os seus. E me fazer pensar assim não parece muito útil, certo?

Certa vez me vinguei de uma pessoa que tinha me incomodado, falando para uma conhecida, que tinha demonstrado certo interesse nele, que a casa dele era muito limpa e organizada. "Por exemplo", disse eu, "a pia do banheiro não é cheia de cabelinhos pretos".

CONQUISTA DESBLOQUEADA: SAMURAI LINGUÍSTICO

TERCEIRO JOGO

MANOBRAS RELACIONAIS

20 formas de conquistar o amor das pessoas

Boa ideia, cara!
Sam & Max Hit the Road

Assim como George, sobre quem você leu na introdução, parece que muita gente acredita que a chave do sucesso é ter um ego grande. Se eu pressionar as pessoas o suficiente e for bastante teimoso, por fim conseguirei o que desejo. De certa forma, é verdade. Você poderia até mesmo conseguir um salário melhor assim. Mas, se você subir na vida pisando nos outros, corre o risco de ser questionado. Se exercer o poder assim, as pessoas abaixo de você não desejarão ampará-lo numa queda. Na verdade, podem até sacudir a escada onde você estiver.

Quando começar a dominar os Jogos de Poder, você aprenderá uma lição importante: deixe o seu ego do lado de fora. Humildade é o segredo tanto para a comunicação quanto para o poder e, quanto melhor você for ao usá-los, mais humildade precisará demonstrar. Quanto menos exibir o seu ego, mais poder adquirirá. Não estou afirmando que você deva ter uma autoimagem fraca. Para ser um bom líder, comunicador, agente de mudanças ou festeiro, naturalmente será necessário ter um ego saudável, mas é melhor deixar as pessoas perceberem isso sozinhas. A reclamação mais comum sobre os líderes é que eles não se limitam a achar que são melhores do que o resto de nós; também gostam de nos dizer isso sempre que possível. Mostrar-se arrogante é um uso clássico do poder, mas é totalmente inútil quando comparado às técnicas que você está prestes a aprender. Quem faz isso esquece um fato importante: não é porque você se acha rei que todo mundo vai se tornar um súdito leal.

Essas técnicas clássicas de opressão podem obter resultados, mas sempre são desagradáveis. As pessoas se sentem enganadas e exploradas quando percebem o que fizeram com elas. Nos Jogos de Poder, você lidará com os seus companheiros humanos de um modo muito mais construtivo. *Os Jogos de Poder são sobretudo jogos sociais.* Quando você joga corretamente, fomenta os egos das pessoas, não apenas o seu. A forma mais inteligente de influenciar a decisão dos outros e chegar aonde se deseja, tanto no trabalho quanto na vida, é convencer as pessoas a ajudar voluntariamente.

Assim, os Jogos de Poder não estariam completos se eu não incluísse o conhecimento para forjar laços sociais fortes. Quanto mais poder você pretender exercer, mais importante será esse aspecto dos jogos para você. Se tiver lido algum dos meus livros anteriores, você sabe que insisto no tópico dos relacionamentos e como eles são formados. Porém, não discuti muito as artes sociais de modo tão propositado como pretendo fazer aqui. Você conseguirá estabelecer relacionamentos com os outros em que eles simplesmente desejarão ajudá-lo e vê-lo vencer nos seus esforços. As vinte técnicas que ensinarei têm o mesmo tipo de *alvo* inexorável de *Child of Eden*, de Tetsuya Mizuguchi: você simplesmente não consegue se livrar delas.

Também há outro motivo importante para treinar a sua habilidade de se concentrar nas outras pessoas quando começar a adquirir poder. Está demonstrado que, quando nos sentimos poderosos, perdemos parte da capacidade de ler a comunicação silenciosa dos outros. Não olhamos muito para o rosto das pessoas e, quando olhamos, prestamos menos atenção ao que vemos, especialmente quando o que vemos parece ser negativo de algum modo. Se você agir assim, correrá o risco de perder informações importantes, como, por exemplo, quando alguém está criticando você ou achando que o seu ato é horrível. Se não prestar atenção a coisas assim, você pode perder o poder que exigiu de você tanto esforço para ser conquistado. As manobras relacionais que você aprenderá reduzirão a probabilidade de isso acontecer.

Finalmente, é importante preocupar-se com os outros pelo simples motivo de que isso será um lembrete de que você não é mais importante do que ninguém. Quem usa o ultrapassado poder opressor tende a subestimar a importância dos outros em comparação a si mesmo. O oposto está mais próximo da verdade: você apenas detém o poder enquanto as pessoas optam por dar o poder a você. E o tipo mais eficaz de poder é aquele em que a pessoa obedece à sua vontade não por coação, mas porque deseja. Como eu disse: o verdadeiro poder não é algo que se detém sobre os outros, e sim *através* dos outros.

3.1 Influência por *post-it*

Até o maior exercício de poder pode começar com a menor das providências. Se quiser que alguém o ajude com alguma coisa, responda a uma pesquisa ou lhe faça um favor, saiba que a probabilidade de conseguir ajuda será maior quanto mais pessoal for o seu pedido. Se você lhe der um formulário para preencher, será mais provável que ele o faça se você deixar um bilhete manuscrito na primeira página. Para conseguir um efeito moderado, basta escrever algo como: "Obrigado por ajudar, Ben". Mas, se *realmente* quiser convencer os outros, bilhetes em *post-it* são as melhores armas secretas e baratas disponíveis. Eles são extremamente poderosos. Uma mensagem manuscrita num bilhete amarelo adesivo mais do que duplica a probabilidade de alguém atender os seus desejos. Quando pediram a algumas pessoas para responder uma pesquisa sem um bilhete manuscrito em *post-it*, trinta e cinco por cento concordaram. Com o *post-it*, esse número aumentou para mais de setenta e cinco por cento. E, quando a mensagem do bilhete também continha a palavra mágica "obrigado" e uma assinatura, aumentou ainda mais o número de pessoas que concordaram. Elas também preencheram a pesquisa de modo mais meticuloso e completo, sendo mais pontuais na entrega do que aquelas que não tinham recebido um formulário com *post-it*.

O motivo para tanto é senso comum. Quanto mais alguém achar que você fez um esforço pessoal para pedir ajuda, mais tenderá a ajudá-lo. Por outro lado, é muito surpreendente o pequeno esforço necessário para gerar essa sensação de envolvimento pessoal. Também não refletimos sobre o fato de que o esforço envolvido ao escrever algo num *post-it* está longe de se igualar ao esforço envolvido em fazer aquilo que a pessoa está pedindo. Além do mais, se você souber que o seu pedido terminará numa pilha de outros pedidos dos outros departamentos da empresa, um bilhete em *post-it* poderá ser aquilo que fará o seu pedido se destacar do resto e aumentará as chances de ser priorizado.

Em outras palavras, se quiser que o seu namorado lave a louça, mesmo sendo a sua vez de lavar, cole um bilhete na geladeira, dizendo: "Você pode lavar a louça? Não tive tempo hoje de manhã. Abraços! Sua amada".

Se quiser que o seu colega de estudos leia um texto chato no seu lugar, cole um bilhete assim: "Você pode ler? Obrigado pela ajuda! Alex".

Se quiser que o seu chefe priorize o seu memorando, coloque-o na mesa dele com um bilhete adesivo rosa fosforescente: "Aqui está o que me pediu! Obrigada pela atenção! Julia".

São atos simples e quase triviais, mas que dobram as chances de conseguir o que se quer. Como eu disse, a menor das providências.

3.2 Dando e recebendo furtivamente

É uma verdade consolidada que gostamos de retribuir quando alguém nos dá algo. É por isso que você ganha amostras de xampu nas revistas, degustações nos supermercados, canetas com logotipos comerciais e uma agenda de bolso da empresa no Natal. Tudo isso é oferecido com a esperança de que você retribua o favor de algum modo. E você costuma retribuir, comprando o xampu, ouvindo a demonstradora no mercado, recorrendo ao mesmo vendedor ou sendo mais fiel ao seu empregador. Entretanto, esse truque é usado há tanto tempo que os seus efeitos estão começando a enfraquecer, pelo menos no que se refere ao mundo comercial. Hoje em dia estamos tão abarrotados de amostras grátis e brindes que ficamos mais resistentes aos seus efeitos. O nosso instinto recíproco não é mais despertado com tanta facilidade, e também começamos a enxergar as "ofertas" que nos apresentam como as estratégias de mercado que de fato são.

Mas isso não significa que haja algo errado com o princípio real. Dar para despertar o desejo de retribuir ainda é uma técnica poderosa dos Jogos de Poder. O erro cometido por tanta gente é enfatizar excessivamente a doação de *objetos*. É estranho focar nisso, porque raramente você deseja objetos de volta – é muito mais útil obter a atenção e a lealdade das pessoas, por exemplo.

Há jeitos muito mais inteligentes de despertar o instinto de reciprocidade do que aquele que tende a ser usado. Veja bem, o importante não é *o que* o outro está dando, e sim que seja algo que ele considere realmente valioso. E o maior valor de todos é o valor *pessoal* – que você oferece, esclarecendo que está dando o seu esforço, tempo e atenção, e que você pensou *nele especifi-*

camente. É por isso que um presente modesto, porém atencioso, como conseguir comprar o salame favorito de alguém, extremamente difícil de encontrar, é muito mais eficaz do que algum presente grande e caro sem um toque pessoal, como um monitor maior para o computador de trabalho da pessoa.

Você pode até remover o objeto real e tornar o presente puramente simbólico, de modo que aquilo que você ofereça seja o seu tempo e envolvimento com a pessoa. Parece meio abstrato? Não é. O exemplo mais óbvio de dar tempo e atenção a alguém, como o baterista que você quer convencer a ficar na sua banda, é pagar um almoço. Pode parecer trivial, mas esse ato tem todos os componentes psicológicos necessários para despertar os instintos de reciprocidade do seu companheiro de almoço e convencê-lo a ouvir você enquanto você explica por que *Smell the glove* é um nome ótimo para um álbum. É fácil e barato pagar um almoço, além de ser um modo excelente de desenvolver o seu relacionamento sem ser perturbado pelos outros.

Há outras formas de oferecer o seu envolvimento pessoal para despertar o instinto recíproco nos outros. Você pode lhes dar informações valiosas, por exemplo. Na hora do almoço (ou a qualquer hora) você pode compartilhar dicas secretas ou conselhos pessoais que sabe que a pessoa achará úteis. Talvez você possa dar a dica de um novo investimento que poucos conheçam ou avisar sobre um *software* novo no mercado que possa tornar o negócio do seu companheiro de almoço mais competitivo. Ou que o *barman* de um bar conhecido prepara bebidas fabulosas, o que poderia ser ótimo quando surgir a oportunidade de impressionar alguém.

Ou você pode agir de modo sistemático, como o meu amigo que tem uma empresa de tecnologia da informação. Eles dão um livro a todos os clientes. Embora o livro seja um objeto, o seu principal componente é a informação que contém. Precisamente, está cheio de estratégias que os clientes podem usar para otimizar os serviços de tecnologia da informação e economizar muito dinheiro. Distribuíram centenas de cópias do livro até agora. O interessante é que o livro foi publicado pelo maior concorrente da empresa. Cada livro distribuído é uma propaganda de um dos seus piores rivais. Mas o meu amigo notou algo. O valor de compartilhar maciçamente dicas empresariais valiosas supera a propaganda gratuita que estão fazendo do concorrente. Quantos clientes você acha que perderam para o concorrente após distribuírem o livro? Nenhum. Depois que essa empresa compartilhou generosamente essas dicas, que poderia ter guardado para si mesma (o que provavelmente teria aumentado o seu lucro), os clientes estão mais do que felizes de retribuir com a sua fidelidade e a continuação dos negócios.

Ao dar presentes pessoais e atenciosos assim, pode ter a certeza de que os outros estarão totalmente dispostos a retribuir quando você pedir. Além disso, é mil vezes mais eficaz do que uma caneta grátis.

3.3 Ainda mais pessoal

Não pense que a ideia do último item era nunca dar um presente físico. Presentes são bons e sempre serão um método clássico para fazer as pessoas gostarem de você. Contudo, há algumas variáveis em jogo que podem tornar um presente mais ou menos eficaz. O preço ou esplendor do item real não é uma delas, como definimos no último item. Apenas discutimos a importância do envolvimento pessoal. Porém, o verdadeiro truque para maximizar os efeitos de um presente ou favor é fazer o gesto parecer *importante* e *inesperado*, além de *pessoal*.

Para ser *importante*, não pode ser algo que o receptor veja claramente que você dá a todos ou algo que você lhe dê sempre. A agenda de bolso que está sempre sobre a mesa de todos na volta das férias não será importante. Mas, se estava apenas na sua mesa e na de mais ninguém, ou se você não costuma receber agendas de bolso, mas ganhou uma neste ano em especial, isso a tornaria importante. Não quero dizer que você não deva dar presentes para mais de uma pessoa. Mas, se você quiser que pareça importante, não deixe a pessoa saber que você os dá para outros. E isso significa que você mesmo deve dar os presentes separadamente, o que nos leva ao ponto de tornar os presentes pessoais.

Os presentes devem vir de você *pessoalmente* e ser dados especificamente às pessoas. No que se refere a presentes físicos, você pode fazer isso de várias formas. A maneira mais óbvia é dar o presente pessoalmente. Também é bom dar algo adequado para alguém, como discutimos no item anterior, já que isso prova que você tem o cuidado suficiente de prestar atenção aos interesses da pessoa e descobrir os seus gostos. Assim, você dá a uma cliente importante ingressos para o concerto de violino de Felicia Day porque sabe que ela é fã de *The Guild*. E, se não puder estar pessoalmente presente quando ela receber o presente ou se estiver fazendo esse favor a distância, ao menos envie um bilhete manuscrito que explique por que você pensou nela em especial.

Também é importante que o presente seja *inesperado*. Mais uma vez, se todos souberem que ganharão uma agenda de bolso no Natal, ninguém ficará muito animado. E, ao contrário, nada é tão caloroso quanto ouvir: "Vi isso numa vitrine ontem e, por algum motivo, me fez pensar em você. É para você!"

O efeito de presentes *importantes*, *pessoais* e *inesperados* foi testado cientificamente em uma comparação das gorjetas dadas por clientes de um restaurante em situações diferentes. A instrução transmitida aos funcionários era dar aos clientes dois chocolates quando servissem o café. Alguns foram instruídos a colocar os dois chocolates no pires ao mesmo tempo. Outros foram instruídos a fazer um joguinho: colocar apenas um chocolate no pires, virar de costas, como se fossem sair, e depois, como se tivessem mudado de ideia de repente, colocar outro chocolate no pires, como uma ideia de última hora. O último grupo recebeu gorjetas bem maiores, em média. Observe que todos os clientes receberam exatamente a mesma quantidade de chocolate. A única diferença foi a forma de dar o chocolate. Quando os dois chocolates eram colocados no pires logo no início, isso indicava que era normal todos ganharem dois chocolates. Mas os garçons que fizeram uma pequena dramatização atenderam todas as três exigências que acabei de mencionar: o presente de um chocolate extra tornou-se importante, pessoal e inesperado.

Se quiser que as pessoas o apreciem e sintam a necessidade de dar algo em retribuição, o modo de dar é mais importante do que aquilo que se dá.

Também há outra coisa que costumamos desprezar ao dar presentes, podemos até mesmo errar totalmente. Às vezes, os presentes são usados como forma de chantagem. Você diz à pessoa que, se ela lhe der algo, você lhe dará outra coisa:

"Se você lavar a roupa hoje, eu lavarei amanhã."

"Se você cozinhar, eu vou comprar uma garrafa de vinho."

Isso funciona bem, mas é muito melhor se você fizer o oposto. Em vez de declarar uma condição para o seu presente, comece oferecendo-o e depois peça o que você quiser como retribuição:

"Lavei a roupa hoje. Você pode lavar amanhã?"

"Comprei um vinho para o jantar. Você se importa de cozinhar?"

Observe que não se trata de suborno. Também é importante que não haja nenhuma chantagem emocional envolvida. Não diga: "Lavei a roupa hoje, *então você precisa* lavar amanhã". Ao enunciar assim, você está tentando despertar sentimentos de culpa, o que a outra pessoa não apreciará. Esta é a mensagem que você deve expressar: fiz isso por você sem você me pedir, o que favoreceu você. Você pode fazer isso por mim em retribuição?

Ao simplesmente mudar a ordem, você transforma a chantagem num ato inesperado, importante e pessoal de gentileza, o que é um motivador muito mais poderoso do que qualquer suborno que você possa oferecer.

+♥

MAIS UMA VIDA!

Lembre-se de que, ao deixar alguém em débito com você, é uma boa ideia acrescentar outro favor o mais rapidamente possível, porque a nossa percepção dos favores que os outros nos fizeram muda com o passar do tempo. Quando faz um favor a alguém, você tende a considerá-lo mais importante à medida que o tempo passa. Algo que você tenha feito sem ao menos refletir acaba se tornando um gesto grande e bonito na sua mente.

Porém, o contrário acontece quando alguém lhe faz um favor. Ele perde importância ao longo do tempo: a ajuda que já teve importância vital pode virar algo que você nem precisava. Você poderia até ter resolvido sozinho.

Por esse motivo, você deve acrescentar outros favores assim que for possível antes que se desvalorizem muito.

3.4 Poder através da semelhança

Você prefere ouvir e confiar mais nas pessoas com quem tenha afinidade, não nas pessoas que você não consegue entender. E as pessoas com quem você tem afinidade são aquelas que se comportam de modo parecido com o seu. Essa sensação de semelhança nem precisa estar registrada conscientemente em você. O fato é que temos opiniões melhores sobre pessoas que emitem aproximadamente o mesmo número de sílabas por minuto que nós. Do mesmo modo, tendemos a achar as pessoas que se movimentam como nós, em ritmo parecido, mais receptivas do que outras. O motivo de você gostar dessas pessoas é que elas fazem você se lembrar de alguém de quem gosta ainda mais: você mesmo.

Por essa razão, mostrar a alguém que vocês têm algo em comum tornou-se uma estratégia usual para conquistar a confiança das pessoas. Por que você acha que os funcionários de atrações turísticas do mundo todo esforçam-se para aprender algumas palavras dos idiomas falados pela maioria dos turistas? "Você é dos Estados Unidos? Tudo bem? Já estive em Hoboken!" Simplesmente observaram que é eficaz. E, honestamente, quando aquele vendedor perto da pirâmide Quéops falou que tinha um amigo que costumava visitar em Nova Jersey, não aguçou a sua curiosidade? Eu não ficarei surpreso se você tiver comprado uma miniatura de camelo banhada a ouro.

Não é segredo que isso funciona. Boa parte do meu primeiro livro, *A Arte de Ler Mentes*, trata dessa ideia. O que interessa aos nossos objetivos atuais não é simplesmente o fato de que confiamos mais nas pessoas com quem achamos ter mais afinidade. Também permitimos que elas nos controlem muito.

Nós concedemos poder sobre nós mesmos.

Não importa qual seja a coisa que achamos ter em comum, contanto que seja algo pessoal para nós. Basta que alguém descubra que vocês têm a mesma data de aniversário ou nome para que o desejo dele de fazer o que você pedir seja dobrado. Em vez de ajudar você duas vezes, ele ajudará quatro. Só porque vocês dois se chamam Gabriel. Esse é o poder do nosso sentido de lealdade às pessoas parecidas conosco. E, embora seja bem improvável que um nome, data de aniversário, loja favorita ou gosto musical sejam uma semelhança especialmente relevante para a situação em que você se encontre, são coisas pessoais. E é por isso que funciona.

Se quiser ter certeza de que alguém está realmente dominado por você, não bastará dizer que vocês dois têm algo pessoal em comum. Você também deve destacar que é algo que diferencia vocês dois. Numa experiência, falaram a alguns participantes que eles tinham os mesmos "tipos" de impressões digitais de outra pessoa. Os outros participantes, a quem não falaram isso, permitiram que a outra pessoa os influenciasse em quarenta e oito por cento dos casos. Entre aqueles a quem tinham dito que compartilhavam certas características nas digitais com a outra pessoa, mas que também ouviram que tais características eram comuns, cinquenta e cinco por cento permitiram ser influenciados. Um pouco melhor, mas sem grandes diferenças. Mas, entre as pessoas que ouviram que apenas dois por cento da população tinha aquele tipo especial de impressão digital, oitenta e seis por cento permitiram que a pessoa com quem supostamente compartilhavam as impressões digitais as influenciasse. Em outras palavras, o que duas pessoas tenham em comum vale menos se outros também forem incluídos. A conexão enfraquece se mais pessoas a compartilharem. E vice-versa: quanto mais exclusivo o seu grupinho, mais forte será o vínculo entre vocês.

Se você quiser ser capaz de realmente influenciar alguém, deve identificar características pessoais que vocês compartilhem e falar isso para a pessoa. Explique que vocês dois têm o mesmo sobrenome. Diga que você também assistiu três vezes a todos os episódios de *The League of Gentlemen* ou que também leu todas as revistas da série *Locke & Key*, de Joe Hill. Se souber que fazem aniversário no mesmo dia, mencione. Se perceber que ela tem uma cópia numerada da edição limitada de *Larry & and the Lefthanded*, não esqueça de dizer que a sua cópia vem depois da cópia dela na sequência.

E por aí vai. Encontre algo exclusivo que una vocês. A ciência está do seu lado. Se ela perceber que você também gosta de tomar café quando está de ressaca, vai querer fazer a mesma coisa duas vezes mais do que antes.

3.5 Crie com suposições

Passei muitos anos estudando e ensinando técnicas que podem ser usadas para estabelecer bons relacionamentos com as pessoas num prazo curto. Há vários métodos que apresentam bons resultados, mas todos têm um problema em comum: enquanto ainda está aprendendo, você precisa dedicar muita atenção ao que está fazendo. Isso se desvia do objetivo real, que é interagir com um desconhecido de modo relaxado.

Assim, também tenho procurado atalhos para atingir a mesma meta. No fim, percebi que a forma mais rápida de estabelecer um relacionamento próximo com alguém, um relacionamento em que a pessoa escute você, goste de você e esteja disposta a fazer o que você quiser, é simplesmente... agir como se você já tivesse conquistado tudo isso!

Funciona muito bem na maior parte do tempo. Se você imaginar que a pessoa com quem fala é um amigo próximo e que vocês se conhecem há muito tempo, isso afetará a sua linguagem corporal e o seu modo de falar. Se conseguir imaginar que a sua conexão com o gerente do terceiro andar recém-contratado é próxima e fértil, você agirá como se realmente fosse. Na sua linguagem corporal, expressões faciais, tom de voz e vocabulário, você demonstrará exatamente os mesmos sinais que apenas usa ao encontrar os seus melhores amigos. A pessoa reagirá de modo subconsciente e achará que vocês se conhecem melhor do que de fato se conhecem. Toda a sua atitude em relação a ela será diferente, de modo sutil, o que surtirá um efeito profundo sobre o encontro.

Apenas lembre que pode parecer meio estranho para ela, já que ela sabe muito bem que vocês acabaram de se conhecer. Seria inteligente, portanto, não supor para sempre que vocês são melhores amigos. Isso pode levar você a emitir sinais íntimos e fortes demais que podem confundi-la. Quando Barack Obama abraça o Primeiro-ministro britânico David Cameron, pode parecer meio estranho, já que todos nós sabemos que eles representam duas ideologias políticas muito diferentes, então esperamos que mantenham certa distância educada.

Pessoalmente, gosto de imaginar que a pessoa que acabo de conhecer é alguém com quem aprecio tomar um café. Isso já é bem forte para começar. Também é uma ótima maneira de fazer bons encontros informais acontecerem, já que é bem provável que a outra pessoa sugira esse café logo.

3.6 Saber quando concordar

Um jeito simples de mostrar a alguém que você é como ele é dizer que vocês gostam das mesmas coisas ou que tiveram as mesmas experiências. Uma forma muito indiscreta de fazer isso é dizer "Eu também!" sempre que ele disser qualquer coisa. Na prática, isso é uma tremenda bajulação. Se alguém fica interrompendo sempre que você abre a boca para dizer que gosta das mesmas coisas que você, você só ficará irritado.

"Adoro lasanha..."

"Eu também!"

"...então gosto de ir àquele restaurante italiano na avenida principal..."

"Eu também! Eu fui lá na sexta-feira!"

"...mas agora parei de fazer isso porque como mais legumes..."

"Eu também! Virei vegetariano ontem!"

Alguém que aja assim apenas conquistará olhares de desagrado, suspiros profundos e a visão das suas costas ao fugir dele.

O tipo bajulador do exemplo anterior na verdade tem a ideia certa. Mas, assim como acontece com a maioria das coisas, o momento certo é tudo. A técnica correta seria deixar para revelar que vocês têm algo em comum *depois que a pessoa terminar a própria história*. Se alguém que você acaba de conhecer estiver falando sobre as suas férias em Londres e calhar de você viajar para Londres todos os anos, ou sobre a paixão dele por mergulho em recifes de corais, e calhar de você ter o mesmo *hobby*, ou se você tiver chorado tanto quanto ele ao ver *O Rei Leão*, fique de boca fechada até que ele tenha terminado de contar. Somente depois você diz como foi interessante ouvi-lo falar a respeito, já que passou pela mesma experiência.

Isso mostra que você é uma pessoa receptiva que não sente a necessidade de buzinar a cada segundo, e ele apreciará o fato de você não ter tentado roubar a cena. Ao contrário da pessoa no exemplo que dei acima, você não parecerá um peixe fora d'água ansioso por se adequar. Você está contando as suas experiências porque acha que ele pode estar interessado em ouvir. A conexão entre vocês será muito mais forte se você permitir que ele descubra o quanto têm em comum, em vez de você mesmo insistir em mostrar.

Veja um exemplo da diferença que pode fazer. Jill encontra Albert numa conferência:

Jill: "Comi num vagão-restaurante ótimo quando estava percorrendo os Estados Unidos de carro num lugarejo chamado Racoo..."

Albert (animado): "Racoon! Também fui lá! Que coincidência! É uma cidade ótima! O que estraga é que não dá para sair sem guarda-chuva, ahahaha!"

Jill: "..."

Uma semana depois, Jill aborda o mesmo assunto ao encontrar Leon num seminário:

Jill: "Comi num vagão-restaurante ótimo quando estava percorrendo os Estados Unidos de carro num lugarejo chamado Racoon. Não parecia grande coisa, mas aquele restaurante era um daqueles lugares emblemáticos, estilo anos de 1950, onde sempre tem torta de maçã fresca. Eu me senti num filme de época. É uma cidade muito simpática".

Leon (com um sorriso simpático): "Não acredito! Eu também estive lá, mas há alguns anos. Você foi àquele restaurante na esquina da Main, certo?"

Jill: "Lá mesmo! Não acredito que você também foi lá!"

Leon: "É uma cidade maravilhosa, mas acho que tem guarda-chuvas demais".

A qual dos dois, Albert ou Leon, você acha que Jill se sentirá mais ligada? Com quem você acha que Jill terá mais afinidade? E a quem ela estará mais disposta a ajudar no futuro?

3.7 Relacionamentos através da empatia

Empatia é a capacidade de sentir as emoções dos outros, tanto em termos de entendê-los intelectualmente quanto relacionar-se com eles emocionalmente. Como todos nós vivemos dentro da nossa mente e não sabemos como seríamos se fôssemos outra pessoa, sempre precisamos pautar as nossas interpretações em nossos próprios sentimentos, assim como no que os nossos sentidos nos dizem. Mas é comum esquecermos que aquilo que vivemos parece diferente para pessoas diferentes. Mesmo se você e eu estivermos na mesma situação (por exemplo, numa montanha-russa embaixo de um temporal), nós a sentiremos de modo diferente. Talvez a minha experiência seja dominada pela dor das gotas de chuva batendo no meu rosto, enquanto você prestará atenção ao que sai do seu bolso no momento daquela queda enorme. (Para piorar, talvez eu precise ir ao banheiro e você, não.)

Empatia é a capacidade de entender isso, de colocar-se mentalmente no lugar de alguém por um momento. Ao buscar compreender ativamente os pensamentos do seu colega ou parceiro, o que ele vê, ouve, sente, quais são as suas convicções e valores, como foi o seu dia e como tudo isso afeta o estado de espírito dele, você conseguirá entendê-lo muito melhor. Talvez melhor do que ele mesmo. Você saberá por que ele faz o que faz e por que chegou às conclusões que chegou. O seu comportamento também será algo que ele reconhecerá, aceitará e com o qual desejará interagir, porque, enquanto vê o mundo através dos olhos dele, também começará a ficar parecido com ele.

Além disso, o comportamento empático pode absorver qualquer eventual tensão entre duas pessoas, tensão geralmente causada quando uma delas acha que a outra a entendeu mal. Sentir que alguém está entendendo ou interpretando mal o que você está tentando expressar é uma das coisas mais frustrantes que você pode viver. Você ouvirá várias histórias horríveis sobre chefes indelicados e namorados egoístas depois que passar a ser a pessoa em quem todos confiam – porque é você que os entende.

Assim, é preciso usar o seu bisturi emocional para dissecar discretamente as autoimagens dos outros. Saber como as pessoas veem a si mesmas é essencial para entendê-las, porque provavelmente é diferente do seu modo de vê-las. É raro que alguém inicie uma discussão dizendo: "Como você já percebeu, sou um completo idiota, um tolo e, não, eu acabei de aprender a contar até dez. Mas esta é a minha opinião". Em geral as pessoas não se acham tolas nem irracionais. (Especialmente quando de fato são!) Quando achar que alguém é totalmente sem noção, não há nada a ganhar se você demonstrar isso. Na verdade, isso apenas o convencerá de que você é que é o tolo, já que não entende o que ele está falando. A empatia permite que você tente entender os motivos para as atitudes dele. Se tiver pedido a um colega habilidoso em Adobe Illustrator para desenhar um logotipo novo para você, mas ele fica adiando a reunião em que deve apresentar as sugestões, você pode se convencer facilmente de que é uma pessoa preguiçosa, incapaz de ser pontual. E aí você grita com ele. Mas, se usar a sua habilidade empática e perceber que ele tem uma autoimagem fraca, a explicação será totalmente diferente. Ele não é preguiçoso; está preocupado que você diga que as ideias dele não são boas. Por isso fica adiando. Em vez de discutir com ele, ofereça apoio e explique que você gosta do trabalho dele. Será muito mais fácil que ele dê o que você quer se sentir que foi compreendido por você.

Também tenha em mente que a sua autoimagem provavelmente difere muito das percepções que os outros têm de você. Você pode estar envolvido num conflito e achar que está agindo de modo calmo, imparcial e profissional, enquanto a outra pessoa envolvida acha que você está agindo agressivamente, sendo tendencioso e tentando resolver o problema de modo ineficaz. Quem tem razão? Talvez vocês dois ou nenhum dos dois. O que você precisa perceber é: não é uma questão de quem tem razão. Você pode ser mesmo imparcial e profissional, mas a outra pessoa o vê como alguém mesquinho e injusto e essa percepção ditará o modo pelo qual ela o trata. Nesse caso, é a percepção que você precisa tratar. É a percepção dela, não a sua, que determina o que acontecerá e como vocês vão se dar. Como você pode saber qual é a percepção que as pessoas têm de você? Do mesmo jeito que você entende como as outras pessoas percebem a si mesmas. É preciso usar a sua capacidade empática para se colocar na situação e ver a si mesmo como elas o veem. Até aí, você não saberá se está sendo visto como um líder frio e distante ou se estão querendo jogar você no lixo – ou ambos!

Se conseguir entender a imagem que os outros têm de si mesmos e a imagem que têm de você, e conseguir ajustar a sua comunicação adequadamente, as pessoas acharão que você é o Messias. Ou pelo menos alguém em quem podem sempre confiar, que sempre conhece as necessidades deles.

Espero não precisar explicar a quantidade de poder que eles darão a você quando se sentirem assim.

3.8 O valor do cumprimento

Se você acha que alguém que o cumprimenta parece simpático, deve ser porque a pessoa em questão está sorrindo para você, por isso você aprendeu a agir do mesmo modo. Você pode até fazer um esforço consciente para influenciar os outros a acharem você simpático.

Pare com isso!

Ao cumprimentar um novo amigo ou colega, você não deve parecer apenas simpático. Você deve fazer a pessoa se sentir importante e achar que há algo único no encontro de vocês. Seja quem for, você deve fazer a pessoa achar que é especial para você. Afinal de contas, ela é mesmo. Pessoas que não são especiais não merecem o seu tempo, certo? Com sorte, elas são a minoria. Ou, como disse o grande Doutor no episódio "Uma Canção de Natal", de *Doctor Who*: "Sabe, em novecentos anos de tempo e espaço, nunca conheci alguém que não fosse importante..."

A diferença entre um cumprimento simpático, porém impessoal, e uma saudação genuína e calorosa, é uma questão de agir no tempo certo. Tente fazer o seguinte na próxima vez em que cumprimentar alguém pela primeira vez: em vez de estampar o seu sorriso mais largo no rosto assim que vir a pessoa, cumprimente-a como se ela fosse uma antiga amiga que você não vê há algum tempo. Esse tipo de cumprimento acontece de modo bem específico. Ao encontrar alguém que você não vê há muito tempo, o seu cérebro começa a executar uma corrida de revezamento: "Eu não conheço... Sim, conheço... De-onde-conheço-De-onde-conheço-De-onde-conheço... É alguém que trabalha no departamento do Zoidberg? Não... Ah! A gente costumava se encontrar no Elzar's Fine Cuisine, em Old Town! Oiiiiiii!!!"

Essa corrida mental fica imediatamente visível no seu rosto. Primeiro, você exibe um olhar inquisidor de vago reconhecimento. Depois, ao perceber quem é, um sorriso simpático e enorme brota (assim espero). Se fizer a mesma coisa na próxima vez em que encontrar alguém, essa pessoa achará a sua reação genuína, não apenas "simpática". Ela se sentirá especial, como se fosse o motivo que alegrou tanto você.

Leia esta descrição detalhada do método: Olhe para o rosto dela por um segundo, como se estivesse explorando-o. Pause e fique parado por mais um segundo. Mantenha contato ocular. Perceba quem é e deixe um grande sorriso tomar conta do seu rosto, incluindo olhos, e mostre-se radiante.

Você pode usar essa mesma técnica ao telefone. Como você atende o telefone ao receber uma ligação particular? Se não souber quem é, você começa com um tom de voz neutro. Apenas depois de perceber quem é a outra pessoa, e que é um amigo próximo, é que o seu estado emocional muda. "Sim, é Kif... quem... oiiiiii! Tudo bem?" Você pode usar o mesmo tempo para telefonemas de trabalho. O modo de usar isso ao telefone, porém, varia muito, dependendo da sua situação. Pode ser uma estratégia duvidosa se você trabalhar atendendo clientes e conversando com muitas pessoas diferentes que tendem a telefonar para você apenas uma vez. Entretanto, se receber telefonemas recorrentes das mesmas pessoas ou se trabalhar com uma mesa telefônica, transferindo ligações para outras pessoas, essa técnica é muito eficiente. O pior que pode acontecer é a pessoa não entender como você a conhece. Contudo, se Amy está telefonando para falar com Davros, e parecer que você a conhece, Amy pode achar simplesmente que Davros falou sobre ela para você. Também é uma questão à qual ela não dará tanta importância, já que é muito mais divertido ter o ego enaltecido pelo fato de outras pessoas saberem quem você é do que questionar se realmente conhecem você.

Essa técnica também funciona se o seu trabalho exigir que você use uma frase específica de cumprimento ao atender o telefone. Não inicie a conversa num tom de voz animado, como você foi, sem dúvida, instruído por alguém bem-intencionado. Comece com um tom simpático, porém razoavelmente neutro. Somente depois que a pessoa disser o nome é que você deve abrir um sorriso enorme e projetá-lo pela linha telefônica. "Bem-vindo à TARDIS Enterprises, eu sou Matt... Olá, Moya!" Deixe transparecer que a sua voz calorosa, suave e sorridente está direcionada apenas para ela e que está feliz de ter recebido um telefonema dela, especificamente.

Você deve estar se perguntando: O que tudo isso tem a ver com os Jogos de Poder? Cumprimentar alguém não é o mesmo que influenciá-lo a fazer o que você quer. Admito que é verdade. Mas, como expliquei antes: o verdadeiro poder é exercido *através* das outras pessoas. E não se pode fazer isso sozinho simplesmente porque se quer. Todo o segredo está em fazer as pessoas *deixarem* você fazer. Você precisa ser alguém a quem apreciem. Muito. Você deve provocar uma sensação calorosa e aconchegante ao pensarem em você. E o nosso apreço é grande por aqueles que parecem realmente nos dar atenção – e que ainda ficam felizes quando nos veem! É o tipo de companhia que adoramos.

3.9 Lembre-se das coisas pequenas

O amigo de um amigo recentemente visitou uma convenção de mágicos e voltou muito mal-humorado. Ele me falou que tinha sido o grupo de pessoas mais desagradável que já tinha conhecido. Por quê? "Ninguém me perguntou se eu estava bem, como estava a minha família ou a minha esposa. Só queriam conversar sobre truques com baralhos." Ele mesmo é mágico, mas os visitantes da convenção violaram uma regra básica da etiqueta social.

Somos todos astros do filme da nossa vida. Nesse filme, há várias Coisas Pequenas que são importantes para nós, mas dificilmente para o mundo ao redor, como o fato de que o bebê tem um dente novo ou que você trocou o iogurte pelo ovo cozido no café da manhã. Também há Coisas Grandes que esperamos ver o mundo reconhecer, como iniciar uma família, um emprego novo, formar-se na faculdade ou outro evento importante na sua vida.

Quando o mundo ao redor não se interessa pelas Coisas Grandes, nós nos sentimos desprezados e ficamos tristes. Não compreendemos como um evento tão significativo do nosso mundo poderia ser insignificante para os outros. Isso nos faz pensar que os nossos companheiros humanos são frios e insensíveis, em vez de entender que eles também vivem nos próprios mundos cheios de Coisas Grandes e Pequenas que ocupam a sua atenção. Se quiser que os outros o ajudem voluntariamente a jogar os Jogos de Poder, se quiser ocupar a primeira colocação na lista de Pessoas Favoritas deles e ser a pessoa preferida para uma colaboração, você precisa estar ciente disso. É preciso acompanhar os eventos importantes na vida das pessoas: os projetos com os quais trabalham no momento, os nomes dos cônjuges etc. Você precisa mostrar um interesse genuíno na existência das pessoas com quem colabore e de quem seja próximo.

Naturalmente, as pessoas do seu convívio apreciarão que você lembre os nomes de maridos, esposas e filhos. Mas, ao mesmo tempo, elas esperam que você faça isso, já que essas são algumas das Coisas Grandes da vida delas. Você não marcará tantos pontos extras ao mostrar que conhece as Coisas Grandes de alguém. Por outro lado, você pode perder muitos pontos se fizer como os mágicos da convenção, não mostrando reconhecimento nem interesse.

Porém, também lembrar as Coisas Pequenas é um modo excelente de fazer as pessoas adorarem você. Isso porque as Coisas Pequenas apenas são pequenas quando vistas de fora. Elas podem ser tudo, menos pequenas, para as pessoas que as estejam vivenciando. Pare e pense como você fica impressionado quando um colega de trabalho ou de classe pergunta como anda a sua dieta do ovo. Ou pergunta quantos dentes novos nasceram no seu filho desde a última vez em que se encontraram. Não é que ele lembrou?! Você pode ser essa pessoa. Aquela que acompanha detalhes cotidianos da vida das pessoas e faz com que se sintam mais apreciadas – e mais importantes – do que o normal. Ao fazer isso, você as posiciona no centro das atenções e as transforma em estrelas. Você confirma o que já sabem: que são as pessoas mais importantes do mundo. E todo mundo gosta dessa sensação.

Só há um probleminha: Como você vai se lembrar de todos esses detalhes sobre todos com quem se relaciona? Relaxe, é fácil. Não será necessária uma supermemória. Basta um celular ou uma caderneta. E, se você frequentar círculos em que cartões comerciais sejam comuns, basta uma caneta.

Depois de conhecer alguém e saber sobre eventos da vida dele, simplesmente anote o que ele falou! Você pode anotar no verso de um cartão comercial que ele lhe deu ou na sua caderneta, ou – o meu favorito – no campo de anotações dos detalhes de contato da pessoa no seu telefone. Você não precisa redigir um ensaio. Algumas notas rápidas serão suficientes. "Sócia: Linda. Bebê, 1 ano. Dentes." Ou "ovos no café da manhã em vez de iogurte". Basta. Na próxima ocasião em que encontrar a pessoa, simplesmente verifique o que você anotou com antecedência e pergunte sobre o assunto durante a conversa. (Se estiver no seu telefone, aparecerá com o número de telefone ao telefonar para combinar o horário do encontro.)

Pode parecer questionável para algumas pessoas, como se fosse desonesto ou manipulador. Eu gostaria de afirmar enfaticamente que não. É exatamente o oposto. Considerar alguém tão importante a ponto de até se preparar com anotações sobre o que ele lhe diz para não esquecer é tratar a pessoa com grande respeito.

O fato de que ele, por sua vez, adorará você e terá o prazer de mostrar o seu apreço, fazendo o que você quiser que ele faça, não é culpa sua, é?

3.10 Faça elogios sinceros

Não consigo pensar em nenhuma manobra nos Jogos de Poder que seja tão eficaz quanto os elogios. Não me refiro a bajular as pessoas para que façam algo por você. Isso é apenas aquele velho artifício de dizer: "Você pode fazer, por favor? Você faz muito melhor do que eu...!"

Há maneiras corretas de elogiar e cumprimentar, assim como outras completamente equivocadas. O estranho é que quase todos seguem o caminho errado, simplesmente não percebendo como o elogio funciona realmente. É uma pena para todo mundo, mas ótimo para você. Nas próximas páginas, abordarei os erros mais comuns para que você os evite. Isso mostrará tudo o que é necessário saber para usar uma das melhores ferramentas sociais que existem.

Primeiro: *Nunca critique depois de elogiar! Jamais!*

Deixe o elogio prevalecer. Se conseguir se conter e não criticar, você será diferente de noventa e nove por cento de todas as pessoas do mundo ocidental. É quase como se tivéssemos algum bloqueio mental interno que nos impede de jamais dar crédito às pessoas sem criticá-las ao mesmo tempo. "Aquele livro que você escreveu é ótimo, mas não gostei do capítulo quatro." "Grande festa que vocês organizaram na empresa, mas podiam ter comprado mais cerveja." "Gostei do seu relatório, mas ficou um pouco longo."

Pode acreditar: a pessoa já conhece qualquer defeito que você aponte. Chega ao ponto de muita gente desconfiar quando é elogiada, porque já aprendeu a esperar automaticamente que o elogio seja seguido por uma crítica. (É parecido com o uso errado da palavra "mas" que analisamos no item 2.3, mas é diferente num aspecto vital. Naquele caso, o elogio era uma formalidade inicial que precedia uma afirmação essencialmente crítica. Neste caso, o ponto principal que você está tentando transmitir é o elogio propriamente dito. Você apenas inclui a crítica no final por algum motivo.)

Pessoalmente, acho que essa maneira de se expressar se origina de algum desejo mais profundo de reconhecimento, afinal, poucos de nós conseguem trabalhar como críticos ou revisores, expressando as próprias opiniões como parte da função no trabalho. Porém, quando conseguimos mostrar às pessoas que somos críticos, parece que somos capazes de pensar por nós mesmos e elaborar uma análise profunda.

De certa forma também pode ter a ver com prestígio. É assustador pensarmos na possibilidade de outra pessoa ser melhor do que nós. Por esse motivo, tentamos mostrar a todos que somos pensadores independentes ocupados com ideias importantes e sempre muito autossuficientes, recusando-nos a aceitar os esforços de alguém. Temos a nossa própria opinião e queremos divulgá-la. A ironia é que você parecerá bem mais forte se conseguir evitar críticas. Se disser, com honestidade e sinceridade: "Uau! Aquela festa que você organizou foi demais!" ou "A sua nova música é ótima!" e *depois parar de falar*, você conquistará um amigo eterno.

Como não estamos acostumados a receber elogios francos, você precisará ser muito claro com a sua sinceridade. Um modo de fazer o seu elogio parecer mais sincero é evitar expressões gerais. É bom ouvir alguém dizer: "Me diverti muito ontem à noite" ou "Você está bonita", mas não surtirá nenhum efeito profundo. Em vez disso, tente ser específico sobre o que quer dizer: "Puxa!

Fiquei muito impressionado com a sua decoração inspirada em piratas. Isso animou mais a festa". Ou: "Aquele vestido fica mágico em você. Por mim, você usaria todos os dias". Esse tipo de elogio não tem apenas conteúdo, como também fortalece o receptor e ensina algo. Ela não tinha certeza se alguém se importaria com todo o trabalho que teve com a decoração inspirada em piratas, mas agora está segura de que fez a coisa certa. Talvez ela não soubesse que aquele vestido caía tão bem, mas agora sabe.

Elogiar também é um jeito maravilhoso de ajudar alguém a mudar uma área em que é fraco sem jamais precisar dizer que ele não é tão bom nem fazer qualquer outro tipo de comentário negativo. Usando um exemplo parecido com aquele da discussão sobre a palavra "mas" no item 2.4, suponhamos que o seu chefe diga: "Bem, em geral, o seu relatório novo é ótimo, mas achei algumas partes confusas e difíceis de acompanhar". Como já falamos, o seu chefe elogiou e criticou, mas do que você vai se lembrar? Que houve partes do relatório que não agradaram o seu chefe. Você não se lembrará do elogio que recebeu antes disso. Certamente você se esforçará para ser mais claro no próximo relatório, mas está sendo motivado por algo negativo. Você está fazendo isso para acabar com a insatisfação do seu chefe.

Compare ao que aconteceria se o seu chefe dissesse: "Bem, em geral, o seu relatório novo é ótimo. A minha parte favorita é aquela sobre a equipe, é extremamente clara e fácil de acompanhar. Ao descrever as coisas assim com clareza, você me ajuda a entender exatamente quais recursos você precisa para continuar a apresentar um bom desempenho". O que você ouviria nesse caso? Que foi um bom relatório e que o seu chefe ficou muito satisfeito com certas partes dele. Naturalmente, você se esforçará para ser ainda mais claro no próximo, de modo que o relatório inteiro seja tão claro quanto a parte sobre a equipe. Em outras palavras, o efeito será o mesmo, mas com uma diferença importante: a motivação será positiva neste caso. Você está trabalhando para deixar um chefe satisfeito ainda mais feliz com você. (Um chefe que foi inteligente o bastante para indicar o que você precisava.) Desconfio de que esse último estado de espírito, positivo, ajude a redigir um relatório muito melhor, além de contribuir para um ambiente de trabalho também muito melhor.

Assim, você deve elogiar as pessoas quando elas se saírem bem em áreas em que possam melhorar. Eleve as expectativas delas sobre as próprias habilidades. Faça-as se esforçarem para conquistar um resultado positivo, e não para evitar a crítica. Ajude-as a ir em busca da diversão, ao contrário de evitar o que é chato.

Você pode até influenciar as pessoas a crescer em direções totalmente novas, elogiando coisas que talvez nem soubessem que faziam. Chihiro pode nem ter pensado no jeito que escreveu as primeiras linhas do relatório, mas e se você disser: "Que relatório maravilhoso! Gostei principalmente da maneira direta de abordar o assunto, na introdução. Você não usa meias-palavras. Se continuar iniciando e finalizando os seus relatórios assim, eles serão os mais lidos da empresa". Aposto que, depois de receber esse elogio por algo que ela não sabia que estava fazendo, Chihiro lerá a introdução várias vezes para descobrir o que deu certo e depois refletirá ainda mais sobre como iniciar e finalizar os relatórios. (E prometo que esta é a última vez que falo em relatórios.)

Se você conseguir explicar a alguém que o considera bom de um modo que ele ache convincente, ele tentará melhorar ainda mais, seja bom ou não de início.

Reflita um pouco. Não criticando as pessoas, e sim dizendo com honestidade e sinceridade que elas são boas, você melhorará a autoimagem delas e as influenciará a gostar de você e ouvir o que você tem a dizer. Ao mesmo tempo, ao direcionar o seu elogio para uma ação específica, você pode mudar o comportamento negativo de alguém e ajudá-lo a crescer do jeito que você quiser. E tudo isso pode ser conquistado sem ninguém se sentir criticado nem ficar chateado.

Enquanto os mandachuvas da escola antiquada do poder, como políticos locais, líderes religiosos e aquele professor de Matemática grosseiro que você teve na escola, preferem fazer rodeios manipuladores que beiram a chantagem psicológica, você pode optar por seguir o caminho que leva ao sol e obter os mesmos resultados. Quase todos os dias me espanta como quase ninguém escolhe esse caminho. Ao contrário, a maioria finaliza todos os elogios com algum tipo de crítica e estraga tudo. É possível que isso aconteça automaticamente, por hábito, e que não queiram prejudicar ninguém. De qualquer modo, estão deixando de ter a oportunidade maravilhosa de influenciar as ações dos outros.

Se tivessem a mesma coragem que você...

3.11 O poder de pedir ajuda

Pode parecer retrógrado, mas uma técnica útil para influenciar as pessoas a fazer o que você quiser é simplesmente pedir ajuda. Não é uma traição. Fique tranquilo e continue lendo.

Para os iniciantes, poucos são os que pedem coisas pelo simples motivo de esperar um "não" como resposta. Muitas pesquisas já foram realizadas a respeito e, ao que tudo indica, a verdade é uma só: superestimamos o número de pessoas a quem teríamos de pedir ajuda. E não é um percentual baixo. O fato é que superestimamos em até duzentos por cento. A verdade é que as pessoas em geral são mais prestativas do que imaginamos.

Uma explicação para não imaginarmos isso é que não consideramos a enorme pressão social enraizada num pedido de ajuda. Ninguém quer recusar nada a ninguém, especialmente se a pessoa estiver bem à sua frente. Você mesmo sabe como é desconfortável e estressante precisar dizer "não". E é tão difícil para os outros quanto é para você. (Ao menos é verdade para a maioria da população com capacidade empática normal.) Mas, quando tentamos determinar se alguém nos ajudará ou não, não enfatizamos tanto o desconforto que a negativa lhes causará. Ao contrário, tendemos a nos concentrar nos custos envolvidos para a pessoa dizer "sim". Pensamos no tempo e esforço necessários para a pessoa nos ajudar e esquecemos de levar em conta o embaraço de não ajudar. Na maioria dos casos, o custo em termos de tempo e esforço é muito menos importante do que o custo social de dizer "não".

Também tendemos a acreditar que o tamanho da ajuda que pedimos desempenha uma função importante. Supomos que seria mais fácil conseguir ajuda com algo pequeno, e não grande. Isso também não é verdade. De novo, é o custo social de dizer "sim" ou "não" que mais importa. Pedir um pequeno ou grande favor não é tão importante.

Quando pedimos ajuda, também presumimos que o benefício proporcionado a nós exigirá um custo igual ao outro. Isso significa que, se pedirmos a alguém para ajudar com um projeto, imaginamos que o tempo que seria necessário para ele é um tempo que ele gostaria de empregar em outra coisa. Mais uma vez estamos errados. É comum que as pessoas sejam solicitadas a fazer coisas que de fato apreciam fazer. O motivo de já não estarem fazendo é simplesmente não terem tido ainda nenhuma razão para fazer sozinhas. Na verdade, elas costumam gostar de ajudar você, porque aquilo que você pede é algo no qual estão interessadas, de qualquer maneira.

Como desconsideramos isso e desconhecemos as pressões sociais que o nosso pedido de ajuda causa, tendemos a pensar, ao contrário, que a pessoa a quem pedimos ficará irritada e frustrada com o nosso pedido. Todos nós já passamos por isso em ocasiões diferentes. Não tem graça ir e se sentir estúpido por pedir. Mas a verdade é que é raro acontecer. Simplesmente temos a tendência de aumentar as ocasiões em que nos negaram ajuda guardadas em nossa lembrança. É mais fácil lembrar delas e lembramos piorando a situação, o que nos deixa hesitantes em pedir outra vez. E isso é tolice. De novo: somos culturalmente programados para assistir qualquer pessoa que peça a nossa ajuda, ainda que precisemos interromper o que estamos fazendo ou fazer algo que não nos anima muito.

Para otimizar a probabilidade de conseguir ajuda, você deve, como sempre, considerar o momento certo. É sempre mais fácil ajudar os outros antes de estarmos esgotados, i.e., antes de um longo dia no trabalho ou na escola. No início do dia, quando temos muita energia, não nos importamos de fazer coisas que não sejam parte da nossa rotina diária quando nos pedem. Mas, no fim do dia, quando começamos a ficar cansados, preferimos continuar a fazer o que estamos fazendo, e não queremos reunir forças para interromper a nossa ocupação e partir para algo novo, como ajudar alguém.

Não significa que ninguém jamais ajudará você à noite, mas que pode ser um pouco mais difícil convencer alguém. Porém, a pressão social continuará a existir. Um bom exemplo é o meu amigo M, que conhece o poder de pedir ajuda há muito tempo. Numa das primeiras vezes em que nos encontramos, estávamos em Stureplan, em Estocolmo, numa lanchonete chamada Sandy's, que funciona até altas horas. Passava da meia-noite, e a atendente de vinte anos estava cansada. As condições não eram nada ideais para o atendimento de vários pedidos. M começou com uma pergunta simples: "Pode trazer um chá diferente dos chás de frutas expostos na vitrine? De preferência algum que não tenha um sabor muito forte, talvez algo como Earl Grey?" A garota suspirou e começou a procurar nos armários. Quando finalmente encontrou uma caixa empoeirada de Earl Grey, ele pediu para ela segurar o saquinho do chá na água quente por dez segundos, tirando-o depois, em vez de simplesmente soltar o saquinho na caneca e entregar a ele. Ele preferia o seu chá bem suave. Aí comecei a perceber que o meu novo amigo M era um homem de vontades bastante peculiares. Mas era só o começo. Ela falou para M que uma fruta estava incluída no preço do sanduíche que ele tinha pedido. A ideia era você mesmo escolher uma fruta numa cesta de maçãs e bananas sobre o balcão. Qualquer outra pessoa teria simplesmente escolhido uma fruta na cesta e ficado satisfeita.

M pediu uma laranja.

A atendente apontou para as frutas na cesta e falou que só havia aquelas. Ele pediu de novo. Quem sabe não haveria uma laranja escondida em alguma gaveta? Eu não acreditei quando, sem dizer uma palavra, ela começou a procurar uma laranja. Finalmente, por incrível que pareça, ela achou. Depois, à 1:30, M pediu para ela descascar a laranja também. Aos meus ouvidos, depois de tudo o que tinha acontecido, esse pedido foi tão provocativo que senti a necessidade de lhe dar a oportunidade de se explicar. Eu tinha a certeza de que, se ele não se explicasse, a atendente chamaria um segurança para nos expulsar dali. Então, falando alto o suficiente para a atendente me ouvir, perguntei a M se ele era alérgico a casca de laranja. Mas não, ele simplesmente não gostava da "sensação pegajosa" que ficaria nas suas mãos se descascasse a laranja.

Pessoalmente, acho que M estava ultrapassando os limites do comportamento socialmente aceitável naquela noite. Mas ele nunca foi grosseiro. Nunca exigiu nada. Apenas sorria e pedia ajuda. E não conseguiu apenas uma laranja descascada. *Conseguiu até um sorriso da atendente quando ela lhe entregou a laranja.*

Imagine todas as oportunidades que você perdeu, clientes a quem nunca telefonou e encontros românticos a que nunca compareceu simplesmente por nunca ter entendido o desejo pré-programado dos outros de concordar sempre que ouvem as palavras: "Você pode me ajudar?"

3.12 Obter ajuda e ser apreciado

Se você começar a pedir coisas às pessoas o tempo todo, será que elas não ficarão irritadas a longo prazo? Na verdade é o contrário. Gostamos de pessoas que pedem ajuda. Até preferimos quem pede ajuda a quem não pede.

Numa experiência reveladora, pagaram participantes para participar de uma pesquisa fictícia. Depois de responderem à pesquisa, o pesquisador pediu para alguns participantes devolverem o dinheiro, porque ele estava pagando do próprio bolso, o que não tinha condições de fazer. Para os outros participantes, ele não disse nada sobre o dinheiro. O interessante é que, numa pesquisa subsequente, o pesquisador foi considerado mais simpático e receptivo por aqueles a quem tinha pedido o dinheiro de volta do que por aqueles que tinham ficado com o dinheiro. Duas opiniões diferentes baseadas numa única diferença: ele tinha pedido ajuda a um dos grupos.

Isso significa que, se quiser apresentar uma imagem mais positiva de si mesmo, pedir ajuda é uma boa ideia. Pode ser algo inteligente a fazer se você tiver se envolvido num conflito em que precisou ser muito duro com alguém, o que abalou a percepção que a pessoa tem de você. Talvez você tenha decidido banir os jogos *online* dos seus filhos (ou do seu trabalho) por seis meses. Ou talvez tenha gritado com o tesoureiro do condomínio.

A sua vontade provavelmente é fazer o oposto. Depois de despejar a sua raiva nas pessoas, não seria melhor ajudar, e não ser ajudado? Ao fazer isso, certamente você poderia apagar a lembrança do seu comportamento anterior, mostrando como você pode ser atencioso e prestativo. Mas acontece que é o contrário. Há até o risco de gostarmos *menos* de alguém que ofereça ajuda. Quando alguém nos oferece ajuda, ele também está nos deixando numa posição de devedores emocionais. Portanto, não tente compensar o seu comportamento anterior assumindo uma postura serviçal de repente, poderia resultar numa reação adversa muito desagradável.

Em vez disso, aja com a maior humildade possível. Se pedir ajuda depois de ter agido com arrogância ou tirania, isso pode fazer as pessoas acharem que você não está mais tão cheio de si. E, se isso provocar uma resposta assim: "Ah, agora eu sirvo, não é?", você responde: "É claro! Sabemos que você é o melhor no assunto e não conseguirei terminar sem você". É um pequeno preço a pagar por fazer alguém voltar a gostar de você, depois de você ter gritado com ele.

Você pode usar essa técnica para melhorar as opiniões que pessoas difíceis tenham de você. Suponhamos que você precise trabalhar com alguém que se considera o rei da cocada preta e deixa muito claro que não está interessado em ouvir você. Peça para ele ajudar em algo. Não precisa ser alguma coisa grande, pode ser simplesmente emprestar um livro no qual esteja interessado, mas não conseguiu comprar, como aquela primeira edição desgastada de *Slicer*, de Garth Marenghi, que você viu na estante dele. É provável que dê certo por causa da pressão social. Se ele não ajudar, você simplesmente não terá saído da estaca zero. Mas, se ele ajudar e emprestar o livro, isso provocará uma tremenda agitação na mente dele. Você o levou a agir de um modo que contradiz o que ele acha de você. Os pensamentos subconscientes dele ficarão mais ou menos assim: "Por que ajudei esse cara se não gosto dele? Se realmente não gosto dele, não faz sentido ajudar. Talvez eu não o ache tão ruim assim". A opinião negativa que ele tem sobre você ficará enfraquecida porque você o fez agir alinhado a uma opinião mais positiva sobre você, porque não nos imaginamos fazendo favores pessoais a pessoas de quem não gostamos. As suas interações serão muito mais tranquilas depois disso. Se não acreditar em mim, pergunte a Abraham Lincoln. Era o método favorito dele para amolecer os oponentes e levá-los a concordar com as suas exigências em negociações futuras.

Ainda assim, você pode achar meio estressante pedir ajuda aos outros. Isso não contradiz todo o objetivo de um livro como este? As águias voam sozinhas e cada homem é uma ilha, certo? Não por muito tempo. A palavra "poder" pode ser definida como "a habilidade de um indivíduo influenciar outro indivíduo". Poder é a extensão na qual você pode acessar os recursos de alguém e levá-lo a ajudar você a mudar a sua própria situação. A habilidade de agir invisivelmente através dos outros. Portanto, conseguir ajuda não é sinal de fraqueza. É um ato de poder.

3.13 Agradeça!

Temos falado sobre como "ações humildes", como elogiar ou pedir ajuda, podem preparar o terreno para alguns usos bem sagazes do poder. Outro ato desse tipo que foi subestimado e esquecido nos últimos anos é agradecer. É muito raro agradecermos. E, quando agradecemos, em geral nos limitamos a dizer "obrigado". Por outro lado, em geral basta. Não precisamos dizer mais do que "obrigado", porque agradecemos coisas óbvias – alguém nos passa o prato na fila do almoço ou segura a porta para nós. Obrigado, obrigado, obrigado.

Assim como acontece com os elogios, a maioria de nós se esqueceu do poder existente num agradecimento genuinamente oferecido. Nada tem a ver com o gesto impotente que parece ser. Na verdade, é uma das manobras mais úteis na dimensão social dos Jogos de Poder. Quando você faz do jeito certo, é claro.

Se você simplesmente disser a palavra "obrigado", a pessoa a quem você agradece precisa adivinhar a que você está se referindo e selecionará a explicação mais óbvia e trivial, como o prato que lhe passou, já que ele está acostumado a pensar assim. Porém, sempre levamos as coisas mais a sério se soubermos por que foram ditas. E as levamos ainda mais a sério quando não são triviais.

Portanto, você precisa começar a agradecer as pessoas por coisas que elas não esperem que você agradeça. Assim como lembrar das Coisas Pequenas das pessoas, um agradecimento sincero e bem direcionado é um ótimo jeito de mostrar que você não está simplesmente agradecendo por agradecer, mas que está atento ao que ele fez e aprecia os seus esforços.

Tudo começa com o prato. Em vez do seu "obrigado" seco usual, diga: "Obrigado por perceber que esqueci de pegar um prato!" Não é bem melhor? E você não deixou de agradecer pelo prato, mas está incluindo um agradecimento por ele ter prestado atenção em você. Espero que consiga ver a diferença. Em termos psicológicos, é enorme. Agradecer alguém por um prato é uma frase cotidiana trivial. Agradecer alguém pela sua atitude é um modo de mostrar apreciação pessoal.

Depois de começar a pensar assim, você notará quantas ocasiões existem para agradecer as pessoas todos os dias. Obrigado por esperar. Obrigado por resolver este problema. Obrigado por ser tão rápido. Obrigado por dedicar o seu tempo a isso. Obrigado por lembrar o que esqueci. Obrigado por se envolver. Obrigado pela aterrissagem suave.

Ao esclarecer por que você está agradecendo e destacar atos que geralmente não recebem a atenção das pessoas, você pode fazer os outros se sentirem reconhecidos. Você também está confirmando algo do qual eles já desconfiam um pouco – que são pessoas fantásticas – e essa ideia retornará a você. Como você consegue perceber como elas são ótimas, você deve ser uma pessoa legal – e deve ser muito inteligente também! Alguém a quem elas estariam muito dispostas a ouvir de novo. Adivinhe do lado de quem elas estarão quando você precisar de apoio?

3.14 Quando você morrer

Existe um exercício terapêutico em que você imagina a sua própria sepultura e o epitáfio que gostaria de ter. Não surpreende que esse exercício tenha surgido nos Estados Unidos, onde os epitáfios são mais comuns do que em outros lugares. Mas vale a pena conhecer, não importa onde você esteja. Por um lado, é uma forma dramática de permitir que alguém perceba o que realmente acha mais importante na vida e se está perto ou longe de conquistar. Por outro lado, esse exercício fornece informações que você pode usar para ser um tremendo ninja e fazer algumas manobras furtivas nos Jogos de Poder.

Quando perguntamos a alguém o que gostaria de ver no próprio epitáfio, é muito mais difícil responder do que parece em princípio. (Porém, não é tão difícil *perguntar* como pode parecer em princípio. Pode soar como um tópico estranho para uma conversa, mas a maioria das pessoas o aceita como uma filosofia cotidiana interessante e não se importa de refletir um pouco.) Para entender por que não é tão fácil responder, eu gostaria que você parasse um minuto e pensasse no que gostaria de ver no seu epitáfio. "Um cara bacana"? "O amor era tudo para ela"? "Ela sempre ajudava todos"? "Rei de Kong"?

Você perceberá que a pergunta deflagra toda uma carga de processos e perguntas subsequentes dentro de você. Então, leve a sério e faça a si mesmo essa pergunta numa situação em que tenha muito tempo para realmente explorar a sua resposta. Em geral, a conversa que essa pergunta produz será muito interessante e pessoal, então é importante contribuir tanto quanto a outra pessoa, com o máximo de informações pessoais. Diga a ela o que gostaria de ver no seu epitáfio e por quê. Às vezes, uma conversa tão pessoal pode ficar meio atrapalhada. Por exemplo, quando vocês não se conhecem bem. Em situações assim, você pode desarmar a pergunta, perguntando a um grupo, como se fosse simplesmente algum jogo inofensivo num jantar ou numa festa.

Depois de descobrir o que alguém quer escrito no próprio epitáfio, *lembre-se disso*. A pessoa lhe contou algo que pode ainda nem ter percebido: qual das próprias qualidades ela mais valoriza. Se Kirby, do departamento financeiro, quiser no seu epitáfio "Aqui jaz a pessoa mais gentil que já existiu", você saberá que a prioridade dele é ser visto como gentil. Se Ditko, do bar, quiser "Aqui jaz um cientista brilhante", o que mais importa para ele é ser um pesquisador de sucesso. Ainda que não seja de verdade.

Nesse ponto, você terá todas as informações necessárias para começar a usar o seu ninjútsu verbal. Porém, será preciso esperar algum tempo. Se você fizer isso logo depois da conversa sobre os epitáfios, a pessoa poderá perceber que você está simplesmente usando as informações recebidas, o que significa que elas perderão o poder. Apenas funciona se a pessoa achar que você percebeu sozinho o que está lhe dizendo. Assim, você deve esperar umas duas semanas, até mais, se possível, para ter a certeza de que ela esqueceu a conversa. Você precisará recuar um tempo, basicamente.

Em outra ocasião, quando sentir que chegou a hora certa, comece mostrando a sua apreciação, como sempre, com elogios ou agradecimentos. Depois, você *atira a sua investigação secreta do jogo do epitáfio*: "Obrigado por me ajudar, você deve ser *a pessoa mais gentil que existe*". Ou: "O sabor é maravilhoso, você deve ser o *Stephen Hawking dos barmen!*" Você pode até usar o que a pessoa mais gosta em si mesma como o motivo direto para a sua apreciação: "Só queria dizer como aprecio a sua gentileza". Tente não dar um salto-mortal no galho de uma árvore depois de falar isso, ainda que seja muito tentador.

Realmente é o elogio mais poderoso que você poderia fazer a alguém. Ouvir que os outros apreciam você é sempre extremamente bom. Mas ouvir que você aprecia a mesma coisa que ele mais aprecia em si mesmo é como ser atingido por uma espada emocional bem no meio da testa. Isso revela que você não apenas entende o âmago da pessoa, mas também valoriza exatamente as mesmas partes que ela. Depois disso, ela terá o maior prazer de se unir a você.

3.15 Represente o mundo interior das pessoas

No primeiro jogo, discutimos as nossas necessidades humanas básicas: *segurança, poder, integração social, aceitação, sexo e controle*. O nosso desejo de satisfazer essas necessidades é a nossa principal motivação para fazer o que fazemos. As nossas necessidades básicas também permeiam os nossos valores, convicções e opiniões básicos, os quais, por sua vez, funcionam como filtros por onde vemos o mundo.

É importante lembrar disso. Em geral, não sabemos o que realmente queremos (lembra aquele pai que queria comprar um barco?) e, até quando achamos que sabemos, não estamos muito certos do motivo de querermos. Em geral, isso ocorre porque algo totalmente diferente existe sob a superfície, algo que não conhecemos. Se conseguir identificar esse processo oculto, você também conseguirá dar às pessoas o que mais desejam. E, quando você faz isso, elas retribuem com poder.

Suponhamos que você tenha algo a lhes oferecer. Pode ser um produto, serviço ou opinião, mas você não quer que a sua oferta seja mais uma entre várias opções disponíveis. Você quer que os seus futuros clientes ou eleitores fiquem loucos com a sua oferta, de preferência decidindo que precisam de dois, seja lá o que for, e depois saiam se sentindo gratos por você lhes oferecer isso.

Parece o sonho de consumo de um vendedor ou político? É mais fácil concretizar isso do que você imagina, basta dizer que aquilo que você oferece atenderá alguma necessidade básica. É como se a pessoa com quem você fala não soubesse disso e precisasse que alguém mostrasse a ela. Mas, se ela nem sabe quais necessidades está tentando atender, como você vai saber? Simples. Basta perguntar.

"O que é mais importante para você nisto que você deseja (o que você está prestes a comprar/a aula que vai receber/o cara com quem vai sair)? O que você espera obter?"

Entretanto, a resposta obtida não será a verdade inteira. Suponhamos que ela responda:

"Quero assistir a esta aula de golfe para melhorar o meu jogo."

Nesse ponto você saberá a meta dela. Mas uma meta não é o mesmo que uma necessidade básica. O próximo passo, então, é perguntar *por que* ela quer melhorar no golfe. Há muito poucas pessoas que agem de forma totalmente aleatória, sem qualquer motivo para o próprio comportamento, então é provável que você receba uma resposta completamente diferente. Por exemplo:

"É importante para o meu trabalho."

Ah, agora estamos chegando a algum lugar! De repente apareceu um valor que nada tem a ver com habilidades no golfe propriamente ditas. E você sabe que as necessidades básicas formatam os nossos valores mais importantes. Mas você ainda não sabe qual necessidade subjaz a esse valor. Então, você pergunta *por que* mais uma vez: Por que é tão importante para o seu trabalho?

"Porque todos os caras mais velhos do trabalho jogam golfe e qualquer um que tenha um bom *handicap* é mais respeitado pelo conselho de administração."

Bingo!

A necessidade básica dela, então, é ganhar mais respeito no trabalho. (Você perceberá quando obtiver a resposta "verdadei-

188

ra", porque a emoção transparecerá na voz ou no rosto.) Melhorar no golfe era apenas um meio que levaria a um fim completamente diferente. Você pode continuar, perguntando por que o respeito no trabalho é importante, se quiser, mas você já definiu que ela está buscando satisfazer no mínimo duas necessidades básicas: aceitação social e controle sobre a própria situação.

Agora começa a mágica. Você sabe o que ela, no seu íntimo, quer conquistar. Se estiver vendendo aulas de golfe, pode ter a certeza de que ela escolherá a sua aula entre os concorrentes se você incluir coisas que a ajudem a melhorar ainda mais as relações com o conselho de administração, que é louco por golfe. Por exemplo, uma foto autografada dela com o seu companheiro Arnold Palmer para exibir em posição destacada na mesa do trabalho. Ou um certificado sofisticado com moldura dourada. Ou um trofeuzinho. Coisas que não tenham a ver com o conteúdo da aula, e que o seu concorrente não pensará em incluir, mas que você saiba que são tão importantes para ela (se não forem mais importantes) quanto conseguir exibir progressos nas habilidades de golfe.

O melhor nessa técnica é que as nossas necessidades básicas são todas muito genéricas. A necessidade de aceitação no trabalho não se relaciona exclusivamente ao golfe. Mesmo se você não vender aulas de golfe (poucos de nós vendem, aliás), com certeza existe uma outra forma de ajudá-la a conquistar a mesma meta. Se você lhe perguntar se há outras formas de conquistar o respeito do conselho, pode ser que encontre outro jeito de ajudar. Será que ela conseguiria se aprendesse a codificar C++? Comprando sapatos de couro inglês? Mudando a visão política? Ou o que você tiver a oferecer.

Se ainda não souber como ajudá-la, passe para a próxima pergunta: "Como você saberá que alcançou a sua meta? Como saberá que conquistou o respeito do conselho?"

A resposta será algo mensurável. Por exemplo:

"Serei convidada para mais reuniões."

Ainda que ela não consiga pensar em outras formas de conquistar essa meta, além de participar daquela aula de golfe, a resposta para essa pergunta lhe dará uma ideia de como ajudá-la. Há outras formas de conquistar os mesmos resultados mensuráveis? Você pode não vender aulas de golfe, mas pode trabalhar com recursos humanos. Você consegue garantir que ela vá a mais reuniões, incluindo o nome dela na pauta?

Portanto, descubra qual necessidade básica alguém está tentando atender. Lembre-se de que a solução sugerida por ela para satisfazer a necessidade não é necessariamente o único caminho. Se aquilo que você oferece pode atender a necessidade, você deve explicar como e enfeitar o negócio para que seja ainda mais atraente para ela. Alternativamente, tente observar se há quaisquer outras formas de atender a mesma necessidade ou conquistar o mesmo resultado mensurável.

A última etapa é fechar o negócio, como se diz no mundo das vendas. Você sabe que aquilo que você tem a oferecer é exatamente o que ela quer, e que ninguém mais pode oferecê-lo como você. Agora só falta conseguir a aceitação dela. Então, diga:

"Se você tivesse a certeza de que isso ajudaria a conquistar o respeito do conselho de administração, você contrataria a minha aula/ compraria os meus sapatos ingleses/ me namoraria?"

Em outras palavras: Ela desejaria o que você tem a oferecer se você atendesse as necessidades básicas dela? Não dá para responder "não" a essa pergunta, e é o tipo de pergunta que gostamos de perguntar.

Se, ainda assim, ela recusar, é sinal de que está tentando buscar mais valores ou necessidades além daqueles que vocês descobriram juntos. As conclusões às quais você chegou até agora podem estar corretas, mas ainda falta algo para motivá-la a agir. Tudo bem. Volte ao princípio e tente de novo:

"O que *mais* é importante para você em relação àquela aula de golfe, além de conquistar mais respeito no trabalho?"

No final, você terá tudo aquilo de que precisa.

Pode parecer um processo complicado que exige o monitoramento de muitas coisas, mas tudo não passa de mais de duas ou três perguntas simples que não levam mais de um minuto para fazer e responder. Vale o esforço? *Com certeza.* Se conseguir identificar as coisas mais importantes na vida de alguém, os seus valores básicos e crenças, você poderá lhe pedir qualquer coisa, direcionando-se a eles. Contanto que você saiba enunciar a pergunta, ela sempre responderá "sim".

+♥

MAIS UMA VIDA!

Depois de ir longe o bastante de modo que o próximo passo, na lógica, seria responder "sim", a pessoa que você achava ter convencido pode fazer novas perguntas ou até objeções. De repente a sua colega questiona se o que você está oferecendo é aquilo de que ela realmente precisa. Não há algo ainda melhor?

Nesse ponto, a maioria reclamaria que a pessoa é "difícil" e desistiria, o que seria um erro. Objeções não necessariamente indicam que ela considere insuficiente o que você oferece. Ao contrário, ela está ficando realmente interessada. Pense: Se alguém estiver tentando lhe vender algo que você não deseja, você faria perguntas ou criticaria os detalhes do produto? Dificilmente. Você simplesmente responderia: "Não estou interessado, obrigado" e desligaria o telefone.

Quando alguém começa a fazer perguntas, é porque quer conhecer os detalhes e saber os pormenores para ter a certeza de que tudo está em ordem. A pessoa já comprou a ideia de que a sua oferta é aquilo de que ela precisa.

3.16 Convencendo pessoas diferentes

Quando você deseja convencer alguém, como fazer Wallace votar em você na próxima eleição para presidente, ou comprar uma televisão com você, saber o que ele pensa é de grande valia. O que melhor convence as pessoas é apresentar algo que se adéque às ideias delas. Mas cada um tem o próprio jeito de pensar. Para conseguir convencer Wallace a votar como você quiser, será necessário descobrir como funciona a mente dele ao fazer escolhas. Ainda bem que ele não se importará em contar para você. Tudo o que você precisa saber é como perguntar.

O que convence

Em primeiro lugar, é preciso saber como ele *prefere ser convencido*. Há vários modos de apresentar a sua ideia, mas o que você quer saber é qual modo funcionará com Wallace, em especial. Escolha algo que você saiba que é do interesse dele, como livros, e pergunte: "O que leva você a achar um livro bom? Que tipo agrada você?" Você ficará surpreso com a variedade de respostas que pode obter ao fazer uma pergunta simples assim. Ele pode responder que sabe só de olhar. Para outra pessoa, basta que alguém diga que o livro é bom. Para uma terceira pessoa, ela precisa ler para saber. E, para uma quarta, ela não ficaria convencida até ler uma segunda vez.

Dependendo da resposta que receber, você saberá como apresentar o seu discurso eleitoral para torná-lo convincente, ou fazer a sua televisão parecer a escolha óbvia. Wallace precisa viver as experiências pessoalmente, ouvir os outros falarem ou a melhor abordagem é lhe dar um folheto para ler? Ele contou para você o que é necessário para tomar uma decisão. Adapte-se ao que ele falou.

Agora você já sabe como transmitir as suas informações. O próximo passo é enunciá-las corretamente. Há três coisas importantes a observar: *direção do movimento, estratégias de escolha e base de comparação.*

Direção do movimento

Se você ouvir como as pessoas se expressam, perceberá que as escolhas delas são motivadas por adquirir coisas boas ou evitar coisas ruins. O primeiro caso representa um movimento *em direção a* algo. Essas pessoas falarão sobre "alcançar", "atingir", "resolver", "executar" e "metas". O outro caso é um movimento que *se distancia* de algo. As pessoas com essa prioridade falarão em termos de "evitar", "fugir" ou "esquivar-se". Observe se Wallace quer ir em direção às coisas ou fugir delas, e formule as suas afirmativas adequadamente. Se ele disser que "quer ter mais opções" (movimento em direção a algo), você deve dizer que, se for eleito presidente, garantirá que todos obtenham treinamento ou que a sua televisão permitirá que ele programe todos os componentes como quiser. Mas, se ele quiser "evitar o caos imediatamente" (movimento de distanciamento), você não deve dizer que estabelecerá ordem e segurança ou que a sua televisão é duradoura, já que são movimentos em direção a algo. Ao contrário, diga a ele que, quando for presidente, você trabalhará para fazer algo com o planejamento terrível que está acontecendo agora ou que a sua televisão não tem o mesmo sistema péssimo de lista de comandos dos modelos antigos. Movimentos de distanciamento. A diferença é sutil, mas importante.

Estratégias de escolha

Você também deve saber como ele faz escolhas. Ele quer ter muitas opiniões ou está mais interessado em ter muitos fatos? Pergunte como ele tomou a decisão de comprar a nova câmera. Se ele disser que escolheu entre várias alternativas antes de encontrar a melhor, você deve apresentar a sua sugestão acompanhada de várias outras opções. Deixe-o comparar a sua oferta com os outros candidatos ou modelos e concluir que você é a melhor escolha.

Porém, se ele disser que pesquisou muito *online* antes de decidir, oferecer mais opções não o impressionará. Alguém assim não quer muitas opções para comparar com a sua oferta, e sim garantir que desejos específicos sejam satisfeitos. Alguém com essa estratégia de escolha necessitará de uma lista precisa das coisas exatas que você fará ao ser presidente ou das especificações técnicas da sua televisão (o que poderia, por outro lado, ser chato para alguém que goste de várias opções).

Base de comparação

Finalmente, você precisa saber como Wallace compara coisas diferentes. Assim, você deve pedir a ele para fazer uma comparação, perguntando, por exemplo, qual é a diferença entre a lâmpada da cozinha nova e a antiga, e ouvir a resposta com atenção. A comparação dele definirá se são mais ou menos a mesma coisa, com algumas diferenças importantes, ou ele dirá que são bem diferentes, embora tenham certas coisas em comum (espero que você tenha captado a diferença). Isso dará a você mais ideias sobre como apresentar a sua sugestão, comparando-a a outras corretamente. Dependendo da sua base de comparação, você pode se concentrar na semelhança com outras opções e na diferença em certos aspectos:

"Assim como os outros candidatos ao cargo de presidente, estou nesta empresa há um bom tempo. Nesse aspecto, somos muito parecidos. A principal diferença é que sempre trabalhei como *freelancer*, o que me permitiu manter uma visão externa necessária das nossas atividades."

Alternativamente, você pode dizer:

"Mais do que qualquer coisa, é uma ótima televisão, mas as outras também são. São todas muito parecidas de um ponto de vista puramente técnico. A diferença é que essa vem equipada com 3D, componentes de reconhecimento de voz e detectores de movimento."

Ou faça o oposto e concentre-se em como a sua proposta é diferente em certos aspectos importantes, embora tenha algumas coisas em comum com as outras opções:

"Durante todos os anos em que estive aqui, trabalhei como *freelancer*, o que significa que consegui preservar uma perspectiva externa saudável das nossas atividades. Isso me diferencia em comparação com os outros candidatos, apesar do fato de estar aqui pelo mesmo tempo que eles."

"Esta televisão tem HD 3D, além de componentes de reconhecimento de voz e detectores de movimento, o que as outras não têm. É claro que funciona tão bem quanto uma televisão normal, como todas as outras."

Isso é suficiente, mas como você é uma pessoa muito boa, também deve transmitir a Wallace a certeza de ter tomado a decisão certa quando ele permitir que você o convença. Então, você também descobriu o que ele precisa ouvir para se sentir assim.

Você lhe perguntou na semana passada, numa conversa sobre um projeto em que vocês dois estavam trabalhando: "Como você sabe se fez um bom trabalho? Você sabe no seu íntimo ou precisa ouvir de outras pessoas?"

Se ele tiver dito que ele mesmo sabe, agora você fala que ele na verdade sabe no seu íntimo que a sua oferta é muito boa. Se, ao contrário, ele tiver respondido que precisa de algum tipo de confirmação externa, você deve falar sobre Gromit, que também achou a sua candidatura ou televisão ótima. Ou mostre um folheto ou discussão na Internet cheio(a) de pessoas contando as próprias histórias repletas de satisfação.

Mais uma vez, isso pode parecer muito difícil de rastrear, mas não é. É o resumo dos Jogos de Poder. Você pergunta, ouve com atenção as respostas que receber e se ajusta. Além disso, você não precisa percorrer cada uma dessas variáveis se não quiser. Basta usar uma ou duas, como saber apresentar as suas informações e se a outra pessoa se aproxima ou distancia nesse caso específico, para conseguir jogar os Jogos de Poder num nível que poucos conseguirão.

3.17 Reconhecendo uma negativa não verbal

Quando as pessoas dizem "sim", não há problema, contanto que façam o que você quiser, apreciem e sintam felicidade e paz interior. É quando dizem "não" que os problemas começam. Quando estiver jogando os Jogos de Poder, é importante que você faça o máximo para evitar ouvir "não". Se receber "nãos" demais, você acabará ficando conhecido como alguém meio difícil e, se não tomar cuidado, as pessoas começarão a chamá-lo de bobo pelas costas. Nesse ponto, você terá perdido os jogos e não há volta.

Os negociadores profissionais aprendem a ver quando um "não" está a caminho, como costuma ficar aparente em sinais não verbais muito antes de ser pronunciado. Ao prestar atenção a esses sinais, eles conseguem redirecionar a conversa a um ponto em que não correm o mesmo risco de ouvir um "não". Você pode aprender a mesma habilidade e tornar-se capaz de ver quando alguém ficará difícil antes mesmo de a situação ter surgido. Enquanto a pessoa não tiver dito a palavra "não" e reforçado a própria opinião, você ainda tem a chance de recuar, reformular ou esclarecer as suas intenções e transformar esse possível "não" num "sim".

Porém, isso exige certa prática e preparação da sua parte.

Em primeiro lugar, você deve observar a pessoa quando ela estiver agindo normalmente. Lembre-se de que o comportamento normal de alguém pode variar, dependendo de ela estar sofrendo ou não algum estresse. Se você souber que vocês se encontrarão de novo numa situação estressante, como uma negociação ou reunião importante, será necessário saber como ela age normalmente em situações em que os níveis de nervosismo e estresse dela estão elevados e em que ela possa ser afetada por estados emocionais mais fortes. Saber como ela funciona quando está tomando um café e relaxando não ajuda. Assim, você deve esperar até vocês dois estarem numa situação mais estressante. Mas, antes de entrar na verdadeira ordem do dia, lembre de conversar assuntos amenos. Faça perguntas simples que você saiba que ela não terá problema em responder com confiança. Porém, tente evitar perguntas que ela possa responder negativamente. O seu fim de semana foi bom? Você foi ao jogo de futebol? As respostas não importam tanto aqui. O seu foco deve ser na maneira de agir e falar dela. Ela tem tiques nervosos, como balançar os pés ou ficar mexendo as mãos enquanto responde? Como é o tom de voz dela? Ela responde com poucas ou muitas palavras? Ela consegue se fazer entender?

Depois de algumas perguntas assim, você saberá como seria o comportamento neutro dela numa situação estressante. O importante é definir com cuidado o comportamento básico, porque é isso que você usará na comparação ao começar a procurar mudanças no padrão de comportamento dela, mais tarde.

O próximo passo é aprender a reconhecer um "não". Então, comece a fazer perguntas às quais você saiba que ela responderá "não". Você está louca para ver o novo *Guerra nas Estrelas*? Você é fã do One Direction? Não importa se as perguntas forem estranhas. Deixe-a pensar que você é meio esquisito, contanto que você consiga uma resposta negativa. Mais uma vez, preste atenção ao comportamento dela. Nesta vez, tente ver se consegue descobrir alguma mudança.

Gostaria de avisar logo que é muito difícil observar tudo o que é necessário. Para ter tempo para isso, seria necessário perguntar uma centena de perguntas diferentes, o que não é viável. Uma outra boa dica, portanto, é pedir para outra pessoa participar e assumir o papel de observador secretamente, o que possibilitará a você se concentrar na conversa. (A propósito, observar os encontros de outras pessoas é ótimo para praticar as suas habilidades de observação.) Você não precisará usar a sua grande visão a cada segundo da conversa. Basta concentrar-se numa parte específica dela, ao perguntar ou sugerir algo, ou quando a pessoa com quem você conversa lhe perguntar alguma coisa. O exato momento em que um de vocês responde. É aí que os sinais mais interessantes são exibidos, especialmente aqueles que contradizem as palavras que você ouve.

Se ela disser que a sua sugestão parece interessante, mas você perceber o mesmo comportamento silencioso de quando ela diz "não", a sua sugestão simplesmente não foi muito boa. Você precisará se apressar e observar o que é necessário acrescentar para que ela goste mais.

Por outro lado, se ela disser "não", mas mostrar o comportamento neutro básico, significa que a sua proposta na verdade está de acordo com o que ela julga aceitável. Ela está simplesmente tentando descobrir qual opção você está desejando oferecê-la em termos de redução de preço, outras concessões ou se você vai pagar a conta sozinho. Aí você sabe que é hora de recuar. Basicamente, ela já concordou com a sua sugestão, mas não quer que você saiba por enquanto.

O motivo pelo qual você deve mapear o comportamento da pessoa com quem fala é que todos têm um modo diferente de agir. O que constitui um sinal claro em Oscar não é necessariamente o mesmo em Anna. Porém, o único jeito de saber é reconhecer como Oscar e Anna dizem "sim".

Há alguns sinais específicos que muita gente exibe quando deixa de concordar com o que está ouvindo. Esses sinais foram estudados em situações de interrogatórios, e procurá-los é uma boa prática enquanto você adquire a habilidade de identificar as variações mais pessoais. Estes são os sinais:

A Coceira. A pessoa de repente começa a coçar o nariz, o pescoço ou o braço. (É um gesto de conforto disfarçado que você conhecerá melhor daqui a pouco.)

A Coceira Dupla. Uma variação da Coceira, executada nos dois lados do nariz, pescoço ou em ambos os braços.

Pressionar uma Caneta Retrátil. A pessoa pressiona a ponta da caneta repetidamente. Pode acontecer várias vezes sucessivas ou com uma pressionada de cada vez. Observe que alguém acostumado a pressionar a caneta pode até exibir esse comportamento ao segurar um lápis que não tenha uma ponta retrátil.

O Sapateador e o Bailarino. O Sapateador move os pés para a frente e para trás, enquanto o Bailarino cruza as pernas e balança o pé para a frente e para trás. Pode ser difícil notar os dois comportamentos se houver uma mesa entre vocês. Mas, mesmo assim, é possível, porque ambos provocam movimentos no tronco. É impossível manter o tronco totalmente imóvel enquanto o seu pé sobe e desce.

Cadeira Quente. A pessoa em questão se mexe na cadeira como se estivesse sentada sobre algo desconfortável. Isso é muito comum quando você está prestes a lhe contar alguma coisa.

Todos esses sinais indicam a mesma coisa. Quanto mais alguém parece inquieto ou nervoso, menos à vontade ele está por dentro. E, quanto menos à vontade, maior é a chance de as palavras dele não refletirem os seus verdadeiros sentimentos. Portanto, faça como os negociadores profissionais. Use o que vê para saber quando é necessário mudar o rumo da conversa. Não deixe a pessoa chegar ao ponto de dizer "não".

3.18 Gestos de conforto e ansiedade

Quando achamos que algo está errado, demonstramos o desagrado de maneira inconsciente. Assim como um "não" que não é verbal, esse sinal negativo em geral é subconsciente e sutil, e é muito importante que você saiba identificá-lo. Se souber o que está buscando, você conseguirá perceber imediatamente se alguém estiver se sentindo ameaçado, inseguro, temeroso ou ansioso. Um sinal assim será muito mais informativo do que aquilo que a pessoa com quem estiver falando opte por lhe dizer ou não. Se, por exemplo, você perceber que Kaylee, do departamento operacional, dá sinais de ansiedade quando você fala sobre um colega, isso demonstra que existe algum tipo de complicação entre os dois. E, se notar que Malcolm deixa escapar um sinal de ansiedade quando você pergunta se a entrega que você pediu para ele organizar está chegando, você sabe que as coisas não estão assim tão bem como ele afirma. É claro que são informações vitais para você usar e descobrir se os seus Jogos de Poder estão progredindo como você pretendia.

O que é esse sinal mágico, então? Tudo é uma questão daquela coisa encantadora que chamamos de toque.

Quando o nosso subconsciente passa por uma ameaça ou fonte de ansiedade, começamos a nos tocar mais do que o usual. O motivo é simples. Quando éramos bebês, os nossos pais nos confortavam, segurando-nos no colo. Desde então, o toque tem sido sempre uma fonte de conforto para nós. Isso jamais mudará, e não simplesmente porque aciona uma memória de quando éramos bebês: o toque físico estimula as terminações nervosas e inibe a segregação de hormônios do estresse. Isso vale tanto para seres humanos quanto outros mamíferos. Em outras palavras, não é apenas a mente que se acalma quando alguém nos toca, e sim o corpo inteiro. A usina química dentro do nosso corpo executa todo o trabalho. Mas, quando não há ninguém para nos tocar, nós mesmos nos tocamos.

O toque em si mesmo pode assumir diferentes expressões. Um exemplo é a coceira que mencionei no último item. Outras variações comuns são passar as mãos pelo rosto, pelos antebraços ou brincar com o cabelo. Podemos morder ou lamber os lábios, massagear o lóbulo das orelhas ou coçar o queixo. O tipo mais comum de toque em si mesmo quando estamos ansiosos é massagear ou tocar o pescoço. Nas mulheres, tocar o ponto supraesternal, entre as clavículas, também é comum. Não tenho a menor ideia do motivo para esse tipo de toque ser mais comum nas mulheres, mas imagino que seja porque os decotes dos trajes femininos deixem essa área mais evidente. Talvez pela mesma razão seja mais comum que os homens toquem no rosto, enquanto as mulheres tocam mais no pescoço. Os homens também podem tocar no pescoço, é claro, mas normalmente farão isso envolvendo o pescoço com a mão inteira, como num estrangulamento. Outros gestos de conforto comuns são coçar a testa, tocar nas bochechas ou soltar o ar com um suspiro profundo.

De algum modo parecemos saber que esse tipo de toque revela algo sobre o nosso estado mental, porque costumamos dar algum tipo de desculpa quando estamos nos tocando: brincamos com uma joia, ajustamos o colar ou a gravata ou fingimos tirar fiapos da roupa. Experimente em frente a um espelho e você perceberá que já viu esse tipo de toque várias vezes nos filmes. É quase um clichê, pois centenas de atores já usaram esses gestos para revelar que o personagem está sob pressão, não porque sejam maus atores, mas porque é a nossa reação natural.

Se alguém começar a se tocar desse jeito todas as vezes em que certo tópico vier à tona, o que não acontece normalmente, você saberá que o tal tópico é motivo de preocupação para ele. Mas cuidado para não chegar a conclusões precipitadas. Se estiver em dúvida se receberá um aumento de salário porque a sua chefe diz que sim, mas toca no ponto supraesternal, isso não necessariamente significa que ela esteja mentindo. Mas significa, sim, que algo no seu pedido a deixa insegura ou pouco à vontade. Pode ser simplesmente o fato de se lembrar das preocupações com a administração do orçamento do ano seguinte. Seja lá o que for, vale a pena tentar descobrir, com cautela: "Já que estamos falando sobre dinheiro, tenho a sensação de que pode haver algum tipo de problema. Posso ajudar em alguma coisa?" Se ela aceitar a sua ajuda, você terá conquistado outra aliada, que ficará feliz em ajudá-lo como retribuição. (Às vezes, gratidão e instinto de reciprocidade podem ser confusamente parecidos.) Em todo caso, ao menos você adquirirá informações valiosas que poderão ser úteis em alguma outra ocasião.

MAIS UMA VIDA!

Se perceber que alguém não para de se tocar enquanto vocês estão juntos, e não apenas quando alguns tópicos específicos são abordados, e você souber que não se trata de uma característica natural do comportamento dele, a fonte do nervosismo pode ser a sua presença. (Dependendo de como forem os toques e o resto da sua conversa, também pode ser o caso de um flerte subconsciente. Mas você deve conseguir notar a diferença.) Nesse caso, tente recuar um ou dois passos para dar mais espaço à pessoa e use outra linguagem corporal para ver se faz alguma diferença. A última coisa que você deseja é deixar alguém nervoso.

3.19 Sinais dos lábios e da boca

Até agora você aprendeu a ver quando alguém discorda de você e está se sentindo ameaçado ou ansioso. O terceiro sinal que você precisa saber reconhecer são sinais de estresse. Se captar esses três sinais negativos, você conseguirá saber quando alguém está se encaminhando para um estado emocional negativo antes mesmo de a própria pessoa saber. Se suspeitar que você é a causa desses sinais, acende-se uma luz vermelha indicando que é preciso recuar um pouco na sua estratégia de Jogos de Poder. Se você não for o motivo, ainda assim saberá que a pessoa está numa situação mental e emocional que não conduz a uma colaboração fértil. Isso quer dizer que você usará o seu conhecimento para ajudar o seu amigo a encontrar um lugar melhor.

Revelamos estresse de várias maneiras, algumas mais aparentes do que outras. Um dos sinais mais claros de que alguém está se estressando é pressionar os lábios. Isso ocorre numa escala que começa num estresse leve, em que os lábios apenas se apertam um pouco, até um estresse enorme, em que os lábios ficam tão pressionados a ponto de sumirem. Pressionar os lábios é um sinal confiável de que algo está errado e causa preocupação.

O que torna esse sinal tão útil é o fato de ser um movimento rápido executado do início ao fim em um ou dois segundos, sempre imediatamente após aquilo que o causou. Se estiver discutindo os detalhes de um contrato com um futuro cliente e perceber que ele pressionou os lábios quando você mencionou certo parágrafo, e não quando falou sobre os outros, você saberá que alguma coisa o perturba naquele parágrafo em especial. Ele sabe que não conseguirá cumpri-lo ou que exige algo difícil de realizar. Para evitar surpresas desagradáveis mais adiante, discuta esse item mais detalhadamente antes de prosseguir.

Dependendo da situação, pressionar os lábios assim pode ser até uma indicação de mentira. Se você usar um tom de voz neutro para perguntar ao seu namorado se ele saiu com aquela colega de trabalho dele, que estava vestindo aquele vestido vermelho justo, depois que você saiu da festa, e ele disser que não, mas pressionar os lábios rapidamente, faz sentido supor que eles provavelmente ficaram juntos.

Vale a pena conhecer um outro sinal dos lábios. Às vezes fazemos beicinho, quase como se estivéssemos bebendo algo com canudo. Esse movimento em geral também é estampado por um ou dois segundos, mas é muito óbvio, mais ainda do que os lábios pressionados. Porém, não é sinal de estresse. Tem dois outros significados: a pessoa está discordando do que você diz ou considerando outras opções. É um movimento muito comum da boca quando estamos pensando ou tentando resolver algum problema. Se você experimentar, certamente notará que conhece várias pessoas que fazem isso, talvez até você mesmo. E, de novo, você já viu no cinema. Em *O Diabo Veste Prada*, o beicinho era um sinal certeiro de que a terrível editora de moda Miranda Priestly achava medonha alguma peça de roupa mostrada por um estilista. Ela nunca precisava dizer uma palavra. Um rápido beicinho de Miranda bastava para o estilista (que obviamente precisava de boas habilidades de linguagem corporal) descartar toda a coleção e recomeçar.

Conhecer o significado de fazer beicinho também pode fornecer informações importantes. Suponhamos que você esteja relendo aquele contrato e perceba que a pessoa fez beicinho numa frase específica. Você saberá que ela não está estressada como indicariam os lábios pressionados, mas, por algum motivo, está pensando em alternativas para o item que você acabou de ler. A cara de quem está bebendo água com um canudo é a deixa para você perguntar se ela tem uma solução melhor em mente.

Mais uma vez, a sua sensibilidade aos pensamentos interiores das pessoas as deixará chocadas – o que fortalecerá ainda mais a sua influência sobre elas.

3.20 Espaço é poder

Quanto mais espaço você puder ocupar, num sentido puramente físico, mais poder aparentará possuir. Sabemos disso intuitivamente, por isso os adeptos da antiga escola do poder sempre tentam espalhar papéis em mais da metade da mesa da sala de reuniões para que sobre pouquíssimo espaço para o resto de nós. Se estiverem falando de pé, gostam de segurar a borda da mesa com os braços afastados e os dedos separados o máximo possível, como se estivessem pronunciando um sermão. E, quando viajam de avião, sempre são duas vezes maiores do que o assento, o que os leva a esticar as pernas para o seu lado e você acaba ficando espremido contra a parede. E eles sempre se apossam do braço da poltrona.

Quando for a uma reunião ou começar num emprego novo, sempre fique atento às pessoas que usam objetos como agendas, telefones, cadernetas de anotações, iPads, computadores, pastas ou folhetos para marcar território. Quando esquecem de trazer qualquer objeto para ocupar espaço, gostam de colocar os braços na cadeira ao lado, esteja vazia ou não, e ocupar espaço assim. Essas pessoas têm uma grande necessidade de mostrar que são mais importantes do que pessoas como você. São seguras e estão prontas para fazer qualquer coisa que evidencie que estão no controle da situação.

(O oposto também se aplica: alguém que sente com os cotovelos presos à cintura, as mãos no colo e encolhe o próprio espaço físico ao mínimo está sinalizando pouco prestígio. É alguém sem coragem de ocupar qualquer espaço e espera que ninguém o perceba.)

Existe uma versão especial dessa demonstração física de dominação. Acontece de pé, em geral numa postura claramente ampla, com as mãos na cintura. Os dedos apontam para a frente, os polegares apontam para trás e os cotovelos apontam diretamente para fora. Se for um homem e ele estiver vestindo paletó ou casaco, as mãos sempre estarão sob a roupa, nunca sobre ela, para garantir que esteja aberta e o tórax fique descoberto. É uma atitude de muita coragem que diz: "Sou eu que mando e nada vai mudar". Experimente ficar nessa posição e entenderá o que quero dizer.

É uma postura muito precisa. A menor mudança alteraria totalmente a mensagem. Tente virar as mãos, mantendo-as na sua lateral, mas apontando os polegares para a frente e os dedos para trás. Isso moverá os seus ombros para cima e para a frente, arqueando discretamente as costas. Essa posição não aparenta ser dominante. Ao contrário, é mais questionadora e curiosa: "Hum, o que é isto?" A diferença é pequena, mas óbvia.

Demonstrar poder espalhando-se assim não é uma técnica que você precise usar, considerando que existem técnicas muito mais eficazes e inteligentes nos Jogos de Poder. Por outro lado, você deve prestar atenção a tal comportamento nos outros. Você pode, se quiser, tentar entrar numa guerra de poder com um desses terroristas. Mas, se já tiver travado guerra de cotovelos num avião, você sabe que não faz sentido. Por algum motivo, essas pessoas têm grande necessidade de mostrar a todos quem é que manda. Talvez não tenham tanto poder quanto acham que merecem e compensam essa carência ocupando espaço para garantir que ninguém ouse questioná-las. Ou talvez realmente tenham o poder que exibem, mas são tão vaidosas que apenas saber disso não basta, portanto precisam ter a certeza de que o resto do mundo também sabe.

Não importa o motivo, esse comportamento lhe dará tudo o que for necessário para jogar melhor do que essas pessoas. São pessoas cujo ego está gritando desesperado por um afago, uma comidinha na boca e uma fralda nova. Você só precisa lhes dar todo o espaço que desejam. (Sem sumir completamente, é claro. Você também tem espaço, contanto que não tente se espalhar muito.) São pessoas que simplesmente precisam de muitos elogios. Então deixe claro a alguém assim que você aprecia a presença dele e diga que você achou ótima a maneira como ele resolveu aquele problema na semana passada. Depois, use os truques linguísticos do último grupo de jogos para apresentar a ideia que você queria expressar o tempo todo, mas faça parecer que a ideia foi dele. Suponhamos que você precise do Dr. Dinossauro na equipe do seu projeto, mas sabe que esse predador de territórios discordará, alegando que mais pessoas na sua equipe significarão menos recursos disponíveis para outros projetos. Mostre que ele é o maioral enquanto coloca palavras na boca dele:

"É ótimo que você esteja atento a esta situação complicada, porque, com o seu conhecimento, deixará de ser uma questão de composição das outras equipes, e sim uma questão de adquirir a competência necessária para o projeto. Concordo plenamente com o que você disse antes, por isso é óbvio que incluir o Dr. Dinossauro na equipe faria o projeto ser muito mais tranquilo. Acho que você já percebeu como adiantaríamos os outros projetos, pressupondo que este projeto termine antes do prazo, o que seria uma possibilidade interessante com o Dr. Dinossauro na equipe. Você já definiu as datas de início para eles?"

Se você estiver de bom humor, pode dar a ele um pirulito depois que acabar.

+♥

MAIS UMA VIDA!

Você pode explorar o fato de que o nosso cérebro associa certos comportamentos a poder e os usa para sempre. Se estiver sentado ou de pé numa posição claramente associada a poder, por exemplo, esticando os seus braços na mesa de modo confiante, ou, melhor ainda, sentado com as pernas bem afastadas, e as mãos cruzadas atrás do pescoço, você *sentirá* que tem poder sobre a situação. O motivo para se sentir assim é que o seu cérebro interpretou a sua postura corporal como um sinal de que é hora de inundar você com o hormônio do poder – a testosterona – e reduzir os seus níveis de estresse. Se fizer isso por um ou dois minutos, você pode mudar os seus níveis hormonais por várias horas e melhorar as chances de vencer um debate, já que será capaz de discutir com maior coragem e agressividade. (Uma dica da pesquisadora de poder Linda Lai, que estuda isso, é dar a si mesmo esse tipo de estímulo de poder antes de encontrar pessoas a quem precise vencer. É um bom modo de evitar inconveniências sociais, especialmente se estiver planejando sentar com as pernas afastadas por vários minutos.)

CONQUISTA DESBLOQUEADA
DIRETOR RELACIONAL

QUARTO JOGO

BATALHA CONTRA
O CHEFÃO

12 métodos para tirar as pessoas
do seu caminho

Protesto!
Phoenix Wright: Ace Attorney

Quando você começar a jogar os Jogos de Poder e tornar-se alvo da atenção das pessoas, algo acontecerá: invejosos começarão a encontrar motivos para difamar e questionar você. É inevitável. Assim que os outros começarem a seguir as suas sugestões, e não as de outra pessoa, a competição estará aberta. Embora a ideia básica dos Jogos de Poder seja agir através dos outros, sempre haverá quem não aprecie que alguém esteja indo bem. E a inveja sempre achará caminhos novos e criativos para sobressair. As técnicas que você aprendeu até agora pressupõem que você tenha tempo e espaço necessários para planejar as suas estratégias como preferir. Porém, há certas situações em que tempo e espaço são limitados e algumas pessoas tentarão atrapalhar você. Pode ser de propósito, por estarem com inveja e perceberem você como uma ameaça à posição de poder delas. Ou talvez estejam agindo assim sem notar.

Uma outra ocasião em que o bloqueio de poder pode ocorrer é durante negociações difíceis, quando os seus objetivos estiverem em desacordo com os de alguém, e vence aquele que detiver mais poder. Você já aprendeu a evitar os usos opressivos de poder mais comuns. Agora quero que você aprenda truques especiais que pode usar para resolver situações mais difíceis. Chegou a hora de usar luvas de pelica. Ou, na verdade, como sempre acontece nos Jogos de Poder, chegou a hora de usar a mais produtiva diplomacia.

O fator mais importante para fazer os outros obedecerem aos seus desejos é, de longe, acharem ou não que controlaram a decisão. Que estavam envolvidos na decisão. Quando parece não haver consenso, em geral não é porque a solução sugerida é inaceitável, mas porque o seu rival mental não quer dar o braço a torcer. Por esse motivo, você sempre precisa fazer a pessoa achar que desempenhou uma função ativa na tomada de decisão. Uma solução que pareça ter sido elaborada em colaboração por vocês dois, ainda que tenha sido você quem sugeriu, também será fácil de ser apresentada como a melhor opção para as duas partes.

Se você assistir a algum debate na televisão, verá o uso frequente de Jogos de Poder ultrapassados, como questionar a competência de alguém ou atacá-lo emocionalmente. Isso será muito usado para massacrar o oponente até que fique igual ao Juiz Doom depois de ser esmagado por um rolo compressor em *Uma Cilada para Roger Rabbit*. Pode parecer uma vitória, mas garanto que não vai durar. Também é o exato oposto do que são os Jogos de Poder. Ao contrário, você aprenderá a ajudar a si mesmo e ao seu oponente a prosseguirem juntos, como num tango verbal. O melhor tipo de administração de conflitos permite que os dois lados vençam e exige que você aja *a favor*, e não *contra* os interesses dos outros. Esmagar alguém pode funcionar, mas uma pessoa que você tenha destruído assim estará ainda mais agressiva e defensiva no próximo encontro. Se você for bom para conduzir a dança, ela não se importará de colaborar na próxima vez também.

Esses métodos baseiam-se na mesma ideia básica do resto do livro: resultados máximos com esforço mínimo. Porém, será necessário ter mais algumas coisas em mente do que o normal nessas situações para conseguir resolvê-las da melhor maneira possível. A meta, como sempre, é deixar que as pessoas ajam por você. Em vez de discutir até ficar vermelho, teimando que você está certo e a pessoa está errada, você deixará que ela perceba os próprios motivos para sair do seu caminho – ou deixar a negociação seguir como você quiser. As melhores lutas são aquelas em que você não se esforça.

4.1 O escudo mental

Quanto mais você viver com intensidade e quanto mais os outros conseguirem perceber que você está assumindo o controle da sua situação, maior o risco de ser atacado. Infelizmente é inevitável. Aqueles que se expõem sempre acabam virando alvo de ofensas. Mas tudo bem. Ataques pessoais podem incomodar um pouco ("Ei, aquilo que você fez não adiantou nada e, além disso, você não engordou um pouco?"), mas, ao mesmo tempo, provam que você é mais do que um rosto na multidão. Significam que você está fazendo diferença. O seu grau de sucesso nos Jogos de Poder – e na vida, em geral – dependerá muito de como você optar por se desviar dos ataques. Aquele que não se ofender e também conseguir se esquivar das flechas atiradas conseguirá, inevitavelmente, ocupar a maior sala do último andar.

Há cursos longos e detalhados de treinamento sobre modos de lidar com as críticas, mas eu lhe pouparei tempo e dinheiro, ensinando um atalho. O segredo é muito simples: se alguém o insultar ou atingir com assaltos verbais... Ria. Não me entenda mal, não estou dizendo para você rir da pessoa que o agrediu. Isso transformaria você no agressor. Você pode, entretanto, rir do que ela disse. O efeito psicológico fica imediatamente aparente. Quando alguém ataca você, espera uma reação negativa. Espera que você fique chateado, triste, irritado ou pelo menos ofendido. Mostrando que o ataque o diverte, você mostra que é irrelevante. (Não é necessário deixar transparecer como você realmente se sente.) Com apenas um sorriso, uma gargalhada e um comentário divertido, você deixa a pessoa que o ataca completamente impotente. Você mostra a todos que as flechas não o atingiram.

Para todos ao redor, fica óbvio que você sai como vencedor do conflito. Observe que não é a mesma coisa que reagir a uma acusação ou tópico relevante tentando rir ou debochar. Isso constitui um comportamento nervoso que revela grande insegurança e deve ser evitado de qualquer maneira.

Rir das hostilidades das pessoas é mais fácil na teoria do que na prática. Se você for parecido comigo, simplesmente deseja dar uma dose do próprio veneno a quem fez as acusações injustas. Não está errado retribuir na mesma moeda, está? Na verdade, está. Se você revidar, concederá credibilidade ao ataque, que começará a ter vida própria na mente de quem ouvir você: "Ela deve ter falado alguma coisa para ele se defender assim". Além disso, se você se defender, abrirá as portas para outro ataque. E a guerra que você queria evitar de repente eclodirá.

Se achar difícil rir das afirmações cruéis dos outros, é porque está permitindo que as coisas ditas atinjam você, sendo emocional demais para agir com a razão. Não permitir ser atingido é pura questão de prática. Quando começar a usar os Jogos de Poder, perceberá que tem pouquíssimos motivos para deixar algo atingir você. A maioria dos ataques não passa de tentativas desajeitadas de rebaixar você. São reações desesperadas de pessoas que não querem mudanças ou temem perder o próprio poder para você. O que dizem não tem a ver com a sua pessoa.

Mas, sem dúvida, você deve estar pensando que algumas pessoas sempre conseguem mexer tão bem com você que simplesmente não dá para ignorar o que dizem. Pura verdade. Todos nós temos áreas sensíveis que podem ser exploradas para nos irritar, por isso faz sentido usar um escudo mental para proteger os pontos emocionais mais importantes, impedindo qualquer acesso. Para tanto, é preciso saber quais são os seus pontos fracos. Observe-se bem. Quando é que você age de modo que não corresponda aos seus reais desejos? Que situações despertam a sua ira? Quando os seus filhos não lhe obedecem? Quando a namorada do seu melhor amigo é arrogante com você? Quando os seus colegas dizem: "Você não pode fazer isso"? Ou quando o seu professor não lhe dá uma chance justa?

Eu particularmente me irrito quando, entre outras coisas, as pessoas cuja função é ajudar não o fazem, dificultando ainda mais a situação por preguiça ou incompetência. Isso me deixa louco, mesmo sabendo que não é um comportamento construtivo. Como aquela ocasião em que tive de viajar de Nova Jersey a Connecticut e o trem que eu devia pegar, o último da noite, foi cancelado. Eu realmente precisava estar em Connecticut naquela noite a trabalho, e o trem era a única maneira de chegar lá. Eu não pretendia passar a noite na plataforma em Nova Jersey, mas quando pedi, meio em pânico, ajuda ao agente ferroviário, ele simplesmente olhou para mim com olhos vítreos e respondeu: "É problema seu". E foi embora. Acho que todos os xingamentos que eu tinha aprendido num filme americano saíram da minha boca naquele momento, o que não me ajudou a chegar nem um metro perto de Connecticut.

Você deve ter as suas lembranças favoritas de ocasiões em que as pessoas conseguiram quase enlouquecer você de raiva. Identifique esses momentos em que você quase perdeu o controle e identificará o seu inimigo. O próximo passo é deixá-lo impotente. Para isso, é preciso ter poder sobre esse inimigo primeiro, o que você já tem. Se formos honestos, não é a pessoa que se recusa a me ajudar que é a minha inimiga, muito menos a namorada arrogante é a sua. O nosso inimigo é a *reação* que esse comportamento provoca dentro de nós. E isso é bom. Já que a reação ocorre dentro de nós, é mais fácil de controlar do que qualquer evento externo.

O que você precisa fazer, então, é ter consciência de como tende a reagir às coisas, admitir isso e nomear tais situações. Se perceber que aquilo que faz você perder a cabeça são pessoas arrogantes, você pode, por exemplo, chamá-las de "Metidas". Chamo os meus inimigos de "Neandertais" por causa da sua incapacidade de se identificar com os apuros dos outros. (E sempre que percebo estar perdendo o controle, lembro que os neandertais estão extintos, no fim das contas.)

Ao nomear os Metidos, você os classificou na sua mente e avisou a si mesmo que deve ficar atento. Se permitir que controlem as suas reações, eles também controlarão você, o que apenas acontecerá se você não tiver consciência. Contanto que se lembre de ficar atento aos Metidos, eles não exercerão nenhum poder sobre você. Na próxima vez que ouvir: "Entendo por que você acha uma boa ideia, por ser novo e tudo mais, mas experimentamos cinco anos atrás e não funcionou", você notará que está lidando com um Metido. Essa percepção ajudará você a manter o controle. Em vez de ficar irado, recue mentalmente, decida que não permitirá que um Metido o controle, mostre um grande sorriso (não se esqueça do ponto onde começamos esta jornada!) e recupere o controle da conversa, usando um jogo de palavras inteligente: "A questão não é ter tentado antes, mas como pode funcionar nas condições atuais".

Nocaute.

4.2 Interrompa e assuma o controle

Às vezes alguém não vai parar de falar, tirando a sua chance de dizer uma única palavra. Se acontecer porque a pessoa está se sentindo animada e entusiasmada, não há problema, é apenas um sinal de grande paixão. Mas, em outras vezes, isso acontece quando alguém o critica ou tenta decidir o que todos devem fazer. A pessoa dispara sem ao menos lhe dar a chance de responder. Nessas situações, a técnica a seguir é perfeita.

Como muitas outras técnicas dos Jogos de Poder, ela também tem componentes ocultos. Superficialmente, é apenas um modo inocente de garantir que você tenha o direito de falar também. Mas também tem o benefício extra de fazer a pessoa a quem você esteja interrompendo sentir que você realmente se importa com o que ela tem a dizer. Isso permitirá que você apresente a sua visão das coisas enquanto faz o rolo compressor verbal reconfigurar a opinião dela de modo a atender melhor aos seus objetivos, enquanto também impede que ela fuja de algo que tenha falado, mudando a história. Também possibilitará que você recupere o controle da conversa. Em outras palavras, é uma ferramenta múltipla que ocupa um lugar de destaque na estante.

A técnica que você usará para tudo isso é tão fácil quanto mostrar um interesse sincero no que a pessoa diz e interrompê-la com estas palavras:

"Um momento, quero ter certeza de que entendi o que você acabou de falar."

E depois repita o que ela falou.

Não fique decepcionado. Pode não parecer muito, mas vamos analisar melhor o que está acontecendo aqui. E há muito a analisar.

Um

Como absorvemos todas as nossas informações através dos nossos filtros pessoais de realidade, e como a maioria do que passa pela nossa cabeça diz respeito a nós mesmos, a pessoa que está falando pode achar que quem está ouvindo na verdade não ouve muito bem o que está sendo dito. Honestamente, quantas vezes você consegue relatar o que alguém acabou de falar, palavra por palavra? O irônico é que isso acontece ainda mais em conversas importantes, em que deveríamos estar prestando atenção ao que nos dizem. Mas, ao contrário, tendemos a nos concentrar no que dizer quando chegar a nossa vez de falar, como abordar as coisas que já nos falaram e como enunciar um argumento que desejamos usar mais tarde, o que nos leva a perder muitas partes do que nos dizem no presente. É o nosso estado natural. E lá no fundo sabemos disso. Interromper alguém e dizer que você quer ter certeza de que entendeu o que estava sendo dito somará muitos pontos extras para você, porque significa que você não estava apenas ouvindo, mas também, diferentemente da maioria, acha que aquilo que está sendo dito é tão importante que você precisa ter absoluta certeza de ter entendido tudo corretamente. (Você entendeu cada palavra, pois já aprendeu a ouvir no item 3.9, mas a pessoa não sabe disso.)

Dois

Agora você fez a pessoa ouvi-lo, em vez de simplesmente tagarelar, e, melhor ainda, ela está ouvindo com atenção. Ao usar essa frase, a pessoa, não importa o tamanho da raiva dela, ficará calada e ouvirá o que você está dizendo. Acredite, ela também quer ter a certeza de que você a entendeu. Na verdade, quanto mais ela estiver certa de que você não estava ouvindo, mais interessada estará em ouvir o que você tem a dizer – com a esperança de que você tenha entendido mal alguma coisa. O que ela não percebe é que você já assumiu o controle da conversa, já que é você quem está falando agora e poderá seguir em qualquer direção que desejar.

Três

Ao falar que quer ter certeza de que entendeu a pessoa, você também a encoraja a corrigi-lo se você realmente tiver perdido algo que ela disse. Isso cria um grau de compreensão empática entre vocês, já que ela, como todo mundo, gosta de pessoas que manifestem interesse nela. Não preciso aprofundar esse tema – você já conhece a importância da empatia, especialmente se puder despertá-la em alguém que se oponha a você.

Quatro

Ao repetir o que alguém acaba de falar, você, ao mesmo tempo, lhe dá a oportunidade de perceber que ele pode não ter falado tudo que achava que estava falando. É comum acharmos que dissemos algo em voz alta, mas na verdade estávamos apenas pensando. Esclarecendo o que foi e o que não foi dito a vocês dois, você pode evitar surpresas desagradáveis adiante. "O quê? O jogo é hoje? Não falamos que era na *próxima* segunda-feira???"

Cinco

Ao repetir o que acabaram de falar, você também poderá acrescentar imperceptivelmente alguma coisa que nunca tenha sido dita em voz alta, mas que será importante para o resto da sua conversa. Se o seu interlocutor estiver num estado muito emotivo, você pode comentar isso, apesar do fato de ela não ter mencionado. Se o seu chefe de departamento estiver gritando por você ter descumprido o prazo e dizendo que a empresa está perdendo dinheiro, não se limite a falar: "Você está dizendo que descumpri o prazo e que a empresa está perdendo dinheiro". Acrescente uma descrição do estado emocional dele: "*Você está irritado* porque descumpri o prazo e a empresa está perdendo dinheiro".

Observe que você está supondo por que ele está irritado. A sua suposição nem precisa estar correta, ele não questionará a sua menção ao estado emocional dele. Ao contrário, isso dará a chance de ele explicar os seus reais sentimentos: "É, estou irritado". Ou: "Não, não estou irritado, estou decepcionado". É importante conhecer o verdadeiro estado emocional de alguém, porque coisas diferentes demandam uma abordagem diferente. Alguém irritado precisa ser tratado de maneira diferente daquela de alguém decepcionado.

Talvez ele concorde com os próprios sentimentos, mas não com a sua suposição sobre os motivos, o que também pode ser uma informação importante: "É, estou irritado, mas não porque você descumpriu o prazo, estou irritado porque algo assim acaba nos causando prejuízo. Este sistema é ruim".

Seis

Ao usar a desculpa de que você precisa interromper a pessoa para ter certeza de que entendeu o que ela disse, é preciso expressar as visões da pessoa nos termos mais positivos disponíveis. Positivos para ela, não para você. Não injete os seus valores nem deprecie o que foi dito. Se ela achar que você não entendeu a gravidade do que disse, não dará a mínima quando você discordar adiante. Se você conseguir fazer parecer que ela se explicou bem, talvez até apresentando a questão melhor do que ela, e *ainda* conseguir discordar, será mais fácil que ela aceite os seus argumentos.

"Espere, quero ter certeza de que entendi o que você está dizendo. Você está irritado porque não terminei o projeto dentro do prazo, certo?"

"Não, estou irritado porque a empresa está perdendo dinheiro."

"Tudo bem, mas você não explicou por que isso causa prejuízo."

"Ah, achei que era óbvio. O nosso orçamento baseia-se na implementação dos projetos dentro dos prazos definidos."

"Então o que você quer mesmo dizer é que está frustrado porque os nossos projetos correm o risco de acabar sendo caros demais porque o nosso orçamento baseia-se no cumprimento de prazos curtos?"

"Exatamente."

"Nesse caso, tenho uma sugestão. Se tivéssemos menos projetos simultâneos, seria mais fácil finalizá-los a tempo, o que seria mais lucrativo para a empresa do que trabalhar em vários projetos ao mesmo tempo e perder todos os prazos."

Quem disse que interromper os outros não é educado?

+♥

MAIS UMA VIDA!

Você pode usar a mesma técnica para garantir que *a pessoa* entendeu *você*. Mesmo que se esforce ao máximo para ser claro a ponto de a pessoa dizer: "Tudo bem, já entendi! Pare de explicar!", você não saberá *o que* a pessoa entendeu.

Em vez de se repetir infinitamente, você pode expor a sua ideia e depois pedir para a pessoa repetir o que você falou. É algo inusitado de se pedir, então você precisará ter uma explicação pronta. Por exemplo, você pode querer saber se ela tem todas as informações necessárias: "Você se importa de resumir o que falei? Quero saber se consegui me fazer entender e se não deixei de mencionar algo importante". Isso é humilde e empático. Além de saber se ela ouviu o que você disse, você também descobrirá como ela interpretou. Muitas das opiniões e atitudes ocultas que as pessoas guardam serão reveladas quando você pedir para manifestarem as suas ideias com as palavras delas. Se você disser: "Gostaria que isto fosse feito em menos tempo" e ela interpretar como se você tivesse dito: "Não estou satisfeito com o seu trabalho", você saberá que existe um problema. Ela confundiu a qualidade do próprio trabalho com a sua percepção dela enquanto pessoa. Nesse caso, será preciso esclarecer: "Ao contrário, estou extremamente satisfeito com o seu trabalho, você está indo muito bem, mas estou pensando no que podemos fazer para manter os mesmos níveis de excelência dentro deste prazo novo. Alguma sugestão?"

4.3 Quando as coisas esquentam

Às vezes uma discussão vira briga. Se você acabar num conflito em que as coisas azedem, é mais do que importante saber levar em consideração as visões da outra pessoa. Senão, vocês ficarão presos numa troca sem sentido de explosões emocionais que não são boas para ninguém. Ter consideração pode ser a última coisa que você deseja fazer nesse tipo de situação, mas, para conseguir resolver uma discussão e prosseguir, será necessário ter certeza de que você entende os verdadeiros motivos por trás da raiva da pessoa. O último item mostrou exatamente como obter esse entendimento.

Depois de definir por que alguém perdeu a cabeça, você precisa levá-lo a se concentrar em algo mais construtivo, de modo que fique num estado emocional mais direcionado a soluções. Depois de fazer isso, você pode expressar os seus argumentos e conduzir a conversa para onde quiser.

Método passo a passo para resolver um conflito:

Primeiro passo

Peça à outra pessoa, à sua nova colega de trabalho, por exemplo, para dizer o que está errado e ouça atentamente até o fim. "É uma droga! Primeiro levou muito tempo e, quando finalmente acabaram, estava tudo amarelo!!!" Por mais que você queira interrompê-la e corrigi-la por ela fazer uma declaração obviamente errada ou injusta, morda a sua língua.

Segundo passo

Depois que ela terminar, repita o que foi dito e explique que você simplesmente quer ter certeza de que a entendeu, como já aprendeu. Não pareça irritado nem acusativo, e sim envolvido e empático, levando em consideração o estado emocional dela. "Se entendi bem, você está irritada porque, quando finalmente acabaram, estava amarelo."

Terceiro passo

É provável que você ouça outra explicação de algum modo diferente da primeira. "Exatamente. Mas não estou irritada porque está amarelo, mas porque está roubando muito tempo dos outros projetos." Repita essa explicação somente para ter certeza de que não há nada mais sob a superfície. "Então você está dizendo que o tempo perdido e a priorização necessária é que foram o problema?"

Quarto passo

Quando tiver certeza de que vocês dois sabem o que ela realmente quer dizer, mude o foco dela para algo mais construtivo, como uma tentativa de achar uma solução mutuamente benéfica. "Se o problema é que outras coisas tinham de ser deixadas de lado porque tomavam muito tempo, talvez possamos ver se conseguimos poupar tempo em outras áreas e retomar aqueles projetos."

Quinto passo

Finalmente você dá a sua perspectiva sobre o assunto, o que significa que esperará até o fim para dizer o que queria desde que ela começou a falar. Ao esperar até o fim, por um lado você lhe deu tempo para se acalmar enquanto a guiava do primeiro ao quarto passos. E também se deu a chance de mudar o que ia dizer, com base nas informações que recebeu no segundo e terceiro passos. Agora você evitará ficar na defensiva, o que teria acontecido se a tivesse interrompido no primeiro passo (como a maioria das pessoas agiria). Em vez disso, diga algo que ajude a resolver o conflito. "Pessoalmente, acho que o tempo gasto parece razoável para esse tipo de trabalho, mas talvez não devamos nos envolver em projetos desse porte daqui em diante."

Como exemplo, suponhamos que você chegue tarde à sua casa e seja questionado(a) por um(a) companheiro(a)/namorado(a)/marido/mulher/hamster irado(a). Ao perguntar qual é o problema, você ouve:

"Estou tão cansada! Você sempre chega tarde e nunca ajuda com o jantar! Não é justo!"

E você, exausto depois de um longo dia de trabalho, apesar de saber disso, despeja:

"Não, mas, por outro lado, me mato de trabalhar a tarde toda para pagar as contas. Quem chega primeiro terá de cuidar dos afazeres que precisam ser feitos em casa. Eu não estou me divertindo enquanto você dá duro, fazendo panquecas. Que droga! Você é muito injusta!"

Portas batem. Estômagos doem. Conversas telefônicas cheias de lamentações com os amigos. Sem solução à vista.

Vamos tentar de novo, mas, agora, usando o método que você aprendeu.

"Estou tão cansada! Você sempre chega tarde e nunca ajuda com o jantar! Não é justo!"

Lembre-se de manter a calma quando ela criticá-lo. Não interrompa, não se irrite, não vire os olhos e nada de suspirar profundamente. Nem fique parado, olhando para o chão como um cachorro envergonhado. Ao contrário, mantenha contato ocular, mostre que está ouvindo o que ela diz e fique quieto até a sua vez de falar (*Primeiro passo*). Depois, repita o que a ouviu dizer (*Segundo passo*).

"Tudo bem, querida, pelo que entendi, você está irritada comigo porque nunca ajudo com o jantar? Eu sempre chego tarde mesmo?"

O que resulta neste esclarecimento:

"Talvez nem sempre, mas tem sido assim a semana inteira. Estou mais cansada do que irritada. É como se eu tivesse que fazer tudo nesta casa."

Ao notar que ela falou qual é realmente o caso, use o *Terceiro passo* para explorar mais o que você considera o assunto premente:

"Tem outra coisa que eu esteja fazendo que leve você a se sentir assim, como se tivesse de fazer tudo?"

Outra resposta nova:

"Sim, você nunca passa o aspirador na casa, a não ser que eu peça, quase sempre sou eu que arrumo as mochilas dos meninos e sempre faço as compras, por exemplo."

Finalmente! Agora você tem algo sólido para trabalhar! Lembre: não importa que você ache as acusações justas ou injustas. Você sempre precisa pautar o seu pensamento nas opiniões da pessoa, nunca nas suas. Chegou a hora de declarar as suas próprias opiniões sobre o assunto (*Quarto e Quinto passos*) sem culpá-la e tentando honestamente resolver o problema.

"É claro que não cabe a você fazer todas as tarefas em casa. Eu não percebi que você estava se sentindo assim. Estou feliz por me dizer. Podemos resolver isso para que eu possa ajudar você de algum modo? Talvez eu possa ir ao mercado quando estiver voltando para casa? O que acha?"

Observe a última pergunta. Pedir a opinião de alguém pode ser muito, mas muito desconcertante, especialmente se a pessoa estiver meio chateada. Você viu isso nas linhas finais do último item: "Mas estou pensando... Alguma sugestão?" A maioria das pessoas gosta de ter a oportunidade de falar o que pensa. Quando alguém pergunta a opinião delas, elas se sentem apreciadas. Então, mesmo se não estiver tão interessado, faz sentido perguntar.

O que poderia ter virado um conflito transformou-se numa conversa construtiva que beneficiará vocês dois. Além disso, você se sentirá muito melhor.

+♥

MAIS UMA VIDA!

Como não sei o seu nome, não pude usar nomes no exemplo das últimas páginas. Mas você sempre deve usar nomes ao falar, tanto o seu nome quanto os das outras pessoas, e isso é ainda mais importante em discussões acaloradas. Ouvir o próprio nome surte um efeito calmante nas pessoas.

Se você sempre se apresentar com o seu nome e cuidar para que as pessoas se lembrem dele, o seu encontro pode se tornar mais pessoal. Torna-se um encontro com *você*, não com uma empresa (ou o que seja) que você esteja representando. Isso fica ainda mais importante se você ocupar uma posição de autoridade, como na representação de uma agência estatal, já que as pessoas costumam achar estressante lidar com autoridades poderosas. Os nomes eliminam todas essas abstrações e tornam você o foco.

Quanto a você, é muito mais difícil ficar preso em generalizações ou gritar com alguém se não estiver gritando com "algum idiota do almoxarifado", mas com Patrick. Não é coincidência que todos que trabalham em centrais de atendimento ao cliente (o que significa que o trabalho deles inclui ouvir gritos diariamente) sempre começam o telefonema lhe dizendo o próprio nome.

4.4 Cuidado com barreiras

Um jeito muito comum de usar o poder para bloquear a si mesmo e aos outros é usar certo tipo de expressão. Estas frases podem parecer inocentes, mas limitam as suas possibilidades de modo muito desagradável. Elas erguem um muro na sua frente que bloqueia todo o progresso. Posso garantir que você já se deparou com elas várias vezes e continuará a ouvi-las – às vezes até da sua própria boca. Portanto, é bom saber como derrubar essas barreiras e desobstruir a estrada para progredir.

"É assim mesmo."

Na verdade sabemos muito pouco, para não dizer nada, sobre o mundo real. Tudo o que podemos falar está limitado à nossa percepção. Isso quer dizer que, ao mudarmos as nossas atitudes, também estamos mudando o mundo, ao menos como o mundo nos parece, em particular. Tendemos a supor que todos veem o mundo como nós. É uma suposição muito ruim e nos leva a omitir coisas importantes na nossa comunicação ou presumir que os outros já sabem em que baseamos as nossas afirmativas. Cuidado com afirmativas assim:

"Isto está errado e aquilo está certo."

Qualquer um que diga isso não está interessado em continuar a conversa e acredita que todos concordam com ele. Em casos assim, a sua réplica deve sempre ser "Por quê?" ou "Quem disse?"

Você não o questionará para deixá-lo em evidência, mas para lembrar que não existe uma verdade objetiva. Se estivermos discutindo qualquer coisa que não sejam relações lógicas, descrições das leis da natureza ou datas históricas que nos perguntam no contexto de uma prova, é muito raro que uma resposta particular esteja necessariamente certa ou errada. Qualquer afirmativa nesse sentido baseia-se em certas suposições e certa compreensão do mundo. Ao perguntar "Por quê?", você está pedindo a essa pessoa tão segura da própria opinião para motivar e explicar a fonte dos seus valores, enquanto indica simultaneamente que aquilo que ela disse não é necessariamente a única maneira de ver as coisas.

"Já sei que é para ela que vão entregar o prêmio."

Quando alguém afirma saber o que outra pessoa está pensando, é preciso ter muito cuidado.

"Ele pensa que é alguém."

"Sei que eles me querem na equipe."

Pode ser verdade, mas também pode não ser. Questione qualquer afirmativa em que alguém diga que é capaz de ler a mente de outra pessoa. A sua réplica é simples:

"Como você sabe?"

Em geral esse tipo de afirmativa é dito com grande convicção, mas na verdade é baseado em suposições muito frágeis. É preciso destruí-las antes que se espalhem e virem "verdades" aceitas por ainda mais gente.

"Isto sempre acontece."

Cuidado com generalizações, quero dizer, expressões que afirmem que tudo ou todos são de certa forma. Afirmações gerais quase sempre são enganosas, mas nós as usamos frequentemente por conveniência:

"Ninguém vai querer pagar tanto."

"Todo mundo sabe."

"Jamais vai acontecer."

Em discussões, palavras como *ninguém, tudo, nunca, sempre* e *todos* são usadas para tentar desarticular uma linha de raciocínio quando alguém simplesmente não tem nada melhor para dizer. Essas palavras devem ser sempre (!) questionadas. É mesmo verdade que "as coisas sempre dão errado"? Ou simplesmente as coisas deram errado em outras ocasiões, antes de a situação ter mudado de alguma forma?

Outro tipo de generalização é não definir bem o que estamos falando:

"Não me parece muito bom."

Uma afirmativa assim é vaga demais para ser importante. Peça para a pessoa ser mais específica:

"Em que sentido não parece bom?"

"Fui enganado."

"Puxa! O que você quer dizer? Como assim, foi enganado?"

Ao fazer perguntas, você faz a outra pessoa definir o que está falando, o que, por sua vez, pode levá-la a mudar a afirmativa:

"Bem, talvez não exatamente enganado, o que aconteceu foi..."

Ao precisar explicar o que ele quer dizer mais detalhadamente, você também evitará a armadilha de achar que sabe o que a outra pessoa está pensando.

Outro jeito de ser muito geral é não ser claro o bastante sobre as nossas referências:

"Eles devem saber."

Esse tipo de afirmativa esbarra na exigência de detalhes. Pode ser razoável que eles devam saber, mas quem são "eles"? E por que devem saber?

"Os nossos concorrentes estão em vantagem em relação a nós."

"Você quer dizer todos os nossos concorrentes? Ou específicos? E de que forma você quer dizer que eles estão em vantagem?"

Ao ouvir alguém, quem sabe o nosso velho amigo George, usar generalizações, leitura da mente ou pura teimosia ao se expressar, ele pode fazer parecer que aquilo que diz é verdade, de certo modo. Ele parece saber como funciona o mundo. É muito difícil romper uma atitude assim, argumentando contra as afirmativas dele. A única forma de fazer isso é questionar e apontar as partes vagas ou as generalizações, ou que pressuponham algo que ele não poderia saber. É importante não permitir que alguém assim escape impune, porque afirmativas desse tipo costumam basear-se em algo que não é sacramentado nem sério como pode parecer em princípio. Ao contrário, em geral é uma defesa desesperada apresentada por alguém que não tem nada melhor para falar e que deve saber. (Uma suposição que também é, naturalmente, uma generalização, com a diferença de que estou certo, é claro.) Por esse motivo, derrubar tais barreiras para desobstruir a estrada não é simplesmente uma necessidade, mas também algo que pode lhe proporcionar um toque de sadismo, merecidamente.

4.5 Deixe as pessoas vencerem primeiro

Existe uma palavra que às vezes mostra uma face ameaçadora e perturba você terrivelmente: "Por quê". Por que devemos fazer? Por que é você quem decide? Por que não posso comer tudo agora se eu quiser? Por que eu não posso e ela pode? Qualquer um que tenha convivido com uma criança de três anos sabe que essa palavrinha pode ser usada numa forma horrivelmente sofisticada de tortura.

"Por que" é uma das mais poderosas palavras que existem. É o modo supremo de questionar alguém. Dizem que "por que" pode derrubar um ditador. Quando usado para bloquear o seu poder, porém, tem outro sentido subjacente. Deixa de ser um pedido genuíno de explicação e vira um desafio. Quem pergunta "por que" quando você pede alguma coisa está questionando a sua autoridade. Você pode tentar explicar por que deseja aquilo até ficar vermelho. E a pessoa continuará resistindo aos seus esforços. Ela não se preocupa se você tem o direito de perguntar nem com as consequências de não fazer o que você deseja.

Entretanto, ela está interessada em saber qual vantagem levaria. A pergunta "Por que eu deveria fazer?" na verdade significa: "Que vantagem eu levo?" E essa pergunta a leva diretamente a um território que você conhece bem. Você aprendeu tudo sobre como responder essa pergunta no item 2.7. A diferença simplesmente é que a pergunta era implícita e subconsciente naquele caso. Para uma pessoa questionadora, é uma pergunta muito literal.

Se alguém lhe perguntar isso, você saberá que se trata de uma pessoa que apenas agirá se ganhar algum benefício. Como jogador tarimbado dos Jogos de Poder, você já se antecipará, *começando a* explicar o que a pessoa ganha com isso antes de explicar o que você deseja que ela faça. Se for uma criança, é tão simples quanto dizer que você devolverá o Nintendo DS depois que o quarto for arrumado. Se for o presidente de uma empresa que precise de afagos no ego, explique que todos reconhecerão a brilhante liderança dele se ele aceitar a sua proposta de orçamento. Pouquíssimas pessoas agirão contra os próprios interesses após uma explicação assim.

Crie o hábito de sempre se expressar desse modo. Mesmo se não estiver lidando com uma pessoa questionadora, não há nada a perder por agir assim. Desse jeito, você deixará claro que está considerando os interesses do outro, e não apenas pensando em si mesmo.

Ao contrário dela.

4.6 Coisas que você nunca deve dizer

Se você cair num conflito, pode ser que o seu oponente tente interromper a conversa, usando uma das expressões seguintes. Mas, assim como as barreiras que já discutimos, também não passam de simples desculpas. São tentativas de afugentar você de outras discussões e ocultar o fato de que ele não tem argumentos reais. O único efeito que surtirão é fazer a pessoa que os diz parecer meio tola, por isso são totalmente banidos dos Jogos de Poder. Jamais use tais expressões. Explicarei o porquê e ensinarei você a responder quando as pessoas as usarem contra você.

"Não adianta, você não vai entender mesmo."

Se você disser isso porque realmente acha que alguém não lhe entende, a culpa é toda sua. Você não conseguiu explicar o que quer dizer de modo que a pessoa entenda. Em vez de dizer que ela não entende, você precisa encontrar outro jeito de se explicar. A responsabilidade de entender você é sua, não dela.

Essa também é uma estratégia muito comum para escapar de dizer algo que você não deseja. Se for o caso, é melhor dizer em vez de chamar a pessoa de idiota. Ao contrário, diga: "Não quero (ou não posso) falar sobre isso agora".

Se alguém lhe disser que você não vai entender, tudo o que você precisa fazer é olhar firmemente para ele e insistir gentilmente: "Eu vou entender se você se explicar adequadamente".

"Porque sim" ou "Porque as regras são assim."

Como pai, o meu corpo todo coça sempre que ouço essas palavras, embora devo confessar que eu mesmo já as usei. *Nunca* é "porque sim". Existe um bom motivo para uma regra existir e, nesse caso, você pode explicar tal motivo ("Se balançar a sua cadeira assim, ela pode virar e você vai bater a cabeça na máquina de lavar louças.") ou você percebe que a sua afirmativa na verdade não se baseia em nada. Você simplesmente a herdou de outra pessoa que tenha dito "porque sim". Isso significa que você precisa reavaliar a própria opinião. É possível que ela não tenha nenhum objetivo útil. "Você está certo, considerando o fato de que não temos uma máquina de lavar louças e que o nosso piso está muito bem assentado, realmente não existem motivos para você não balançar a sua cadeira."

Se alguém questionar por que algo precisa acontecer de certa maneira, contextualize tudo. Explique que, como chefe, você não pode permitir que as coisas sejam feitas de outra forma porque poderiam prejudicar as finanças da empresa ou, como pai, você é responsável por educar os filhos, e as suas decisões o ajudam nessa empreitada. Se as pessoas que o questionam entenderem o raciocínio que respalda o seu pedido, será mais fácil para elas aceitarem.

É parecido com o que você aprendeu no item 4.4. A próxima vez em que ouvir as palavras: "Porque sim. Sou eu que mando, afinal de contas!", exija que a pessoa se explique. "Não entendo por que tem de ser assim. Seria muito mais fácil seguir essa regra se eu soubesse qual é o objetivo dela."

Não deixe ninguém estipular regras sem motivos.

"Não é da sua conta."

Isso não apenas faz a pessoa se sentir excluída, como também revela que você é incapaz de responder a pergunta que ela lhe fez. É melhor ser honesto e explicar por que você não pode responder sem despertar a inimizade da pessoa com quem estiver falando:

"Não posso lhe falar sobre a vaquejada sem primeiro pedir permissão a Phoney Bone, porque ele manteve em segredo até agora. Sei que você vai entender".

Se alguém lhe disser que algo não é da sua conta, você pode replicar facilmente, explicando que é, sim: "Sim, é da minha conta. Se não fosse, eu não teria perguntado. E vou dizer por que isso me diz respeito".

"E o que você quer que eu faça?"

Quem fala isso não quer assumir a responsabilidade. Provavelmente também é alguém que perdeu totalmente os argumentos sensatos. Se tem uma coisa que você nunca deve falar de novo, é isso, porque aniquila qualquer prestígio social que você possa ter adquirido. Ao usar essas palavras, você está destruindo o seu futuro como jogador dos Jogos de Poder.

Se realmente algo não for responsabilidade sua, você ainda deve tentar ajudar, encontrando alguém que possa ser útil. E, se não puder fazer nada mesmo, explique-se e peça desculpas (pode não ser culpa sua, mas as desculpas diminuirão a probabilidade de alguém continuar a incomodar você em busca de uma solução).

"Peço sinceras desculpas, mas realmente não sei como poderia ajudar. Eu gostaria muito de ajudar, mas não sei como."

Se alguém disparar: "O que você quer que eu faça?", simplesmente responda: "Bem, primeiro quero que me ouça. Depois, quero que me ajude. E tenho uma sugestão para você fazer isso".

Ou por que não usar um jogo de palavras conhecido?

"A questão não é o que você deve fazer a respeito; a questão é até que ponto você é capaz de me ajudar."

4.7 Fique neutro

Jamais se esqueça de que a pessoa que está atrapalhando você é apenas isto: uma pessoa. E essa pessoa não é igual ao assunto que você está discutindo. Infelizmente, muitas manobras para bloquear o poder consistem em alguém fazer a conversa assumir um tom pessoal sem motivos. Você ajudará a si mesmo e a pessoa com quem estiver discutindo verbalmente, esclarecendo esse mal-entendido.

O problema principal é que as pessoas costumam interpretar as críticas direcionadas a uma situação como direcionadas a elas de modo pessoal. Até uma afirmativa neutra como "Estamos quase sem dinheiro" é quase impossível de enunciar sem que alguém a considere como algum tipo de ataque pessoal, tendo sido essa a intenção ou não.

Não é de se estranhar, pois aprendemos que uma frase assim em geral tem alguma intenção oculta. A tendência infeliz de igualar as pessoas aos seus atos não faz as pessoas se sentirem acusadas. Temos o prazer de transferir a frustração que sentimos por alguma situação para a pessoa que acreditamos tê-la provocado. Quando algo não é como queremos, precisamos de um culpado: "Puxa! Isto aqui está uma bagunça! Por que você é tão bagunceiro?"

Não é bom fazer isso. Tudo o que conseguimos é tornar mais difícil para nós separar as pessoas das situações em nossa mente. E, sempre que alguém se sente pessoalmente acusado, essa pessoa começará a se defender e vai parar de escutar. Para manter uma discussão sensata, é preciso sempre conseguir separar as pessoas envolvidas do problema em si. Você pode fazer isso até mesmo quando o problema *forem* as pessoas envolvidas, referindo-se ao comportamento delas como um aspecto separado da personalidade delas.

Use frases neutras ("Isso demorou muito, não foi?") e refira-se a si mesmo, e não à pessoa. Trata-se de uma situação em que aquilo que você aprendeu no item 2.7 sobre sempre usar "você" não se aplica. Se puder evitar falar sobre a pessoa, você minimizará a chance de ela achar que você a está atacando. Em vez de dizer: "Você não fez o que prometeu", diga: "Estou decepcionado". Em vez de dizer: "Você está favorecendo certos fornecedores", diga: "Achamos que estamos sendo tratados injustamente". Use um tom de voz neutro, o mesmo que você usa para fazer afirmativas puramente fatuais, para esclarecer que você está afirmando fatos, e não resmungando. (E, se você for submetido a um ataque pessoal, morda a língua e reformule o ataque do mesmo jeito, de modo que seja uma afirmativa sobre o problema, e não sobre você.)

Essa confusão entre pessoas e situações é o motivo que justifica por que culpar as pessoas não é construtivo. Se você disser ao carpinteiro Bob: "Você acha que é assim que se trabalha? Aquela prateleira que você instalou para mim já caiu três vezes. Você é um total incompetente?", vai receber um olhar irritado de volta. Ele vai parar de ouvir você e ficará na ofensiva: "Nós avisamos que você devia ter escolhido uma prateleira mais cara!"

Culpar alguém só servirá para uma coisa: misturar ainda mais a pessoa com o problema. Faça o oposto. Seja claro com o fato de que você sabe a diferença entre os funcionários e o problema que está enfrentando: "Esta prateleira que você instalou para mim já caiu três vezes. É um problema para mim, porque preciso dela e preciso confiar que vai ficar firme. O que você propõe para resolver? Devemos entrar em contato com o fabricante, podemos dar uma outra olhada na instalação ou você tem outra sugestão?"

Se realmente quiser ter plena certeza de que ele fará o que você deseja e ajudará conforme for necessário, elogie um pouco, ainda que seja a última coisa que você queira fazer: "Sei que você é muito competente, então tenho certeza de que encontrará uma boa solução".

Elogiar provavelmente está quase no fim da lista das coisas que você gostaria de oferecer a alguém que o tenha desapontado. Mas, além de tudo o que você aprendeu sobre elogios no item 3.10, nesta situação eles também causarão uma reação psicológica em cadeia. Nós detestamos ter de nos contradizer. Preferimos ser coerentes em todos os aspectos. Se falarem para Bob que ele é bom no que faz, enquanto ele também percebe que o próprio trabalho é parte de um problema, ele acabará envolvido num conflito interno que precisa resolver. Ele não pode ser bom e ruim na mesma coisa. Uma opção aberta para ele é aceitar o comportamento problemático, o que também envolveria mudar a percepção que tem de si mesmo.

"É claro que não sou bom nisso, sou ruim, afinal instalei aquela prateleira inútil." Mas achamos muito difícil fazer isso, porque tendemos a preferir pensar que somos bons, não ruins. É muito mais fácil concordar com o elogio e eliminar o problema que está criando conflito, por isso Bob ficará muito feliz em oferecer uma solução para a sua prateleira.

4.8 Cada cabeça, a mesma sentença

Quando você entra em conflito com alguém, é porque vocês dois estão se agarrando desesperadamente a pontos de vista diferentes. Mas, lá no fundo, o conflito não diz respeito aos seus pontos de vista, e sim aos interesses que subjazem a eles. Suponhamos que você queira comprar uma empresa de desenvolvimento de aplicativos, mas o dono não queira vender, mesmo não indo tão bem nos negócios. (O último aplicativo deles, *Spider-Pig 8*, não foi o sucesso esperado.) Se quiser chegar a um acordo com o dono, você precisará descobrir primeiro quais são os verdadeiros interesses dele na situação, porque não necessariamente serão os mesmos do ponto de vista inflexível dele. O ponto de vista poderia ser: "Não venderei a empresa". Mas o interesse que ele está tentando proteger ao dizer isso poderia ser: "Não quero parecer um tolo ingênuo". Ao descobrir o que subjaz a certo ponto de vista, será mais fácil para você encontrar uma solução aceitável a ambos.

Você já tem acesso a todas as técnicas necessárias para descobrir quais são os interesses subjacentes. É claro que o mais simples seria perguntar e esperar uma resposta honesta: "Por que você (não) quer fazer isso?" Mas, antes de perguntar, você pode fazer a si mesmo a mesma pergunta. Coloque-se na situação da pessoa: "Se eu fosse ele, qual seria o meu motivo para não querer vender a empresa?" Faça-se a pergunta contrária também: "Se a opção de vender é uma escolha tão óbvia, por que ainda não vendeu? Será que não tinha essa opção antes? Ou há algo na situação que o impede, algo que não estou notando?" Também prepare-se para objeções que a pessoa deve apresentar, perguntando-se: "Se eu fosse ele, aceitasse a oferta e continuasse com a venda, como eu seria criticado? Por quem? Por quê? Como a oferta teria de ser proposta para que eu a aceitasse?" Ao considerar essas questões, você conseguirá encontrar as respostas para as objeções da pessoa antes mesmo que ela as apresente.

Agora que você descobriu os interesses da pessoa, boa parte do conflito já está resolvida. É muito mais fácil encontrar a base para um acordo de interesses do que uma base entre pontos de vista específicos, já que os interesses costumam ser mais profundos do que o tópico em discussão. Um ponto de vista não passa de um escudo que protege certo interesse. Porém, tal interesse poderia ser protegido por outro ponto de vista também, aceito por nós dois.

Quase sempre há vários pontos de vista diferentes que poderiam acomodar o mesmo interesse. Provavelmente há algum modo de permitir que a pessoa mude o ponto de vista para outro que a permita vender e, ao mesmo tempo, acomodar o interesse dela para não parecer ingênua. Por exemplo, se ela pudesse dizer às pessoas que vender a empresa e a franquia do Spider-Pig foi ideia dela. Lembre-se de que continuar a ter um bom relacionamento mútuo ou manter a colaboração também podem ser interesses.

Por trás de cada ponto de vista, quase sempre há mais de um interesse. Alguns deles, não todos, podem entrar em conflito com os seus. Infelizmente, tendemos a supor que os nossos interesses têm objetivos opostos quando entramos em conflito:

Se o seu interesse for pagar o mínimo possível, você suporá que o meu interesse é tirar o máximo de dinheiro de você.

Se o seu interesse for defender-se, presumirei que o meu interesse é atacar você.

Um de nós vencerá e o outro perderá, e por isso ficamos trancados num conflito.

Mas raramente é o caso. Geralmente temos mais interesses em comum ou mais interesses que poderiam ser compatíveis do que interesses que realmente estejam em conflito. E os nossos interesses compatíveis podem nos propiciar uma solução inteiramente nova:

Nós dois estamos interessados em chegar a um bom acordo em que ninguém se sinta usado.

Nós dois estamos interessados em preservar a paz.

Nós dois queremos usufruir de uma boa colaboração.

Ao concentrar a nossa discussão nas coisas que ambos prezamos, podemos chegar a uma solução benéfica com muito mais facilidade.

Se você se prender a certo ponto de vista, pode se tornar uma pessoa difícil e irracional. Por outro lado, ser fiel aos seus interesses não causará problemas. É o que recomendo.

Entretanto, interesses mútuos podem estar ocultos, então é importante que vocês se esforcem juntos para identificá-los. Preste bastante atenção aos interesses que pareçam se relacionar às necessidades humanas básicas que discutimos no item 1.7. Tais interesses são muito mais fortes do que quaisquer outros. Se você os atender, será muito mais fácil para o seu oponente concordar com o que você quer – e também cumprir o acordo. E vice-versa: se alguém parecer totalmente irracional a respeito de certo conflito, é bem provável que isso esteja acontecendo por ele achar que você está interferindo numa das necessidades mais básicas dele.

Depois de determinar qual é o seu interesse comum, você deve formular uma meta comum correspondente. Não se contente com o fato de vocês estarem de acordo, expresse o que isso significará na prática, em termos quantificáveis, e quando você realizará a questão. É mais fácil resolver e discutir a maior parte dos desacordos quando eles são reformulados em termos de metas comuns: quinze pessoas num bote salva-vidas, todas compartilhando o ponto de vista de que é importante não morrer de fome, podem ser muito grosseiras ao tentar se apossar da comida. Mas, lá no fundo, o seu interesse subjacente é sobreviver. Se perceberem isso, podem definitivamente cooperar para alcançar a sua meta comum de chegar à terra firme.

MAIS UMA VIDA!

Existe um truque simples que você pode usar para ajudar a transformar um conflito com alguém num processo direcionado a soluções em que vocês dois possam trabalhar juntos. Trata-se de ser bem literal. Você já viu no item 1.16 que podemos "energizar" áreas diferentes de um recinto com significados diferentes. Duas pessoas envolvidas num conflito em geral ficam de pé ou sentam-se de frente uma para a outra, afinal é esse o significado de "oposição". Essa palavra origina-se do latim *opponere*, opor-se a alguém. Mas duas pessoas em cooperação sentam-se uma ao lado da outra, no mesmo lado da mesa, o que lhes proporciona o mesmo ponto de vista e ponto de partida – tanto de modo simbólico quanto literal.

Todo mundo sabe disso, ainda que não pense a respeito. Qualquer outra posição basicamente cria um clima diferente para a situação. Por esse motivo, lembre-se de emitir os sinais corretos, sempre sentando-se ao lado de qualquer pessoa com quem esteja conversando. Se não for possível, você pode ao menos tentar sentar-se formando o mesmo ângulo com a pessoa, por exemplo, sentando-se à cabeceira da mesa. O importante é que vocês possam ver o problema do mesmo ângulo.

4.9 Objetividade na chantagem

Embora você jogue os Jogos de Poder da melhor maneira possível, uma discussão às vezes terminará sem que vocês cheguem a um acordo. Você quer a tinta verde, mas o fornecedor está insistindo em usar a azul. Nada que você diga mudará isso. Situações assim podem se transformar em rinhas frequentes. Há cinco métodos comuns que você encontrará naqueles que estejam tentando lhe mostrar quem é que manda. São eles:

• Ficar irredutível. "Não recuaremos nem um milímetro! E pronto!"

• Ameaçar você. "Se não fizer como estamos mandando, consequências muito ruins poderão resultar na nossa colaboração. Se isso acontecer, pode esquecer aquele sorvete que prometi."

• Subornar você. "Se você concordar com a tinta azul, podemos reduzir o preço ou lhe dar uma televisão nova."

• Minimizar a situação. "Por que tanto barulho? Com certeza não importa tanto qual tinta usaremos, contanto que seja pintado!"

• Despertar sentimentos de culpa. "Você não confia em nós? Acha que estamos tentando vender um produto inferior?"

Para não ser vítima desse tipo de chantagem emocional, é importante saber por que você está fazendo determinadas exigências. O motivo para você querer a tinta verde pode ser porque é a única tinta que não é tóxica. Se conseguir se lembrar disso, não importa o quanto reduzam o preço, porque isso em nada mudará o seu motivo para desejar usar a tinta verde.

A azul não será menos tóxica simplesmente porque é mais barata. E, se tentarem despertar culpa em você, explique que o fato de confiar ou não neles é uma questão totalmente diferente. Tudo o que importa nesse contexto são os níveis de toxicidade.

Um problema que pode surgir no primeiro tipo de afirmação – que tem de ser do jeito deles – é a dificuldade de mudarem de ideia adiante. Pode ter parecido uma boa ideia fazer jogo duro naquele momento, porém, mais adiante na discussão, agir como um cara durão pode ser uma ideia péssima – e então será difícil para a pessoa recuar. Ajude pessoas assim a sair desse dilema, explicando que a situação mudou, o que as deixa livres para mudar de ponto de vista: "Eu sei que você tinha falado que não faria isso, mas foi antes de discutirmos a opção de nós mesmos misturarmos a tinta. É outra situação".

Do mesmo modo que você se apega aos seus motivos sólidos para querer do seu jeito, peça também à pessoa para se explicar, usando argumentos racionais, não emocionais. Lembre-se de manter a discussão focada em critérios objetivos: "Você está dizendo que o importante para você é terminar o trabalho antes do fim da semana e que não tem nenhuma tinta atóxica no estoque. O importante para mim é terminar adequadamente e com cuidado, com tinta atóxica. Não estou interessado na sua oferta de ganhar uma torta. Se não conseguirmos chegar a um acordo sobre a finalização do trabalho, seria melhor se eu procurasse outro fornecedor".

É claro que assim você está abrindo as portas para que os outros o tratem do mesmo modo, por exemplo, explicando que a tinta azul também é atóxica. Mas espero que você não se importe de ser derrotado por um argumento racional.

Se você sempre fundamentar as suas opiniões em critérios objetivos assim, conseguirá defender as suas opiniões sem parecer irritado. Você está simplesmente sendo racional. É importante saber disso. Senão, correrá o risco de ser atacado por tentativas de chantagem emocional, o que poderia fazê-lo concordar com o que não deve. Como jogador sensato e racional dos Jogos de Poder, mantenha a cabeça erguida e não permita ser afetado por tentativas vulgares de transformar a situação numa queda de braço emocional.

4.10 Duas boas maneiras de neutralizar ataques

Se você for vítima de uma jogada de poder, há duas boas estratégias que pode usar para neutralizá-la imediatamente.

A primeira estratégia é parar de afirmar e começar a perguntar. Afirmações podem ser usadas como alvos para futuros mísseis verbais, mas uma pergunta não pode ser derrubada do mesmo modo.

Numa discussão delicada, ouvir uma afirmação ou declaração direta também pode ser meio estressante. Perguntas são um jeito mais suave de prosseguir com a conversa.

Portanto, enuncie as suas afirmações como perguntas sempre que for possível. Em vez de afirmações destemidas, como: "*Homem-animal*, de Jeff Lemire, é muito melhor do que a atualização clássica de Grant Morrison", você pode evitar chatear o fã de Morrison: "Não é interessante como Lemire conseguiu conduzir *Homem-animal* a pontos aonde Morrison nunca chegou?"

Em vez de afirmar: "Falaram que o contrato é ilegítimo porque burla os limites legais", pergunte: "É verdade que o limite legal é de 0,005%? Alguém da nossa equipe que assinou este contrato sabia que se baseia numa transgressão ilegítima dos limites legais?"

Aproveite a oportunidade para pedir a opinião do seu oponente no jogo de poder. Após um ataque, não fale: "Exigimos uma remuneração justa pelo nosso trabalho". Ao contrário, diga: "Não acha que merecemos uma remuneração justa pelo trabalho que realizamos? Em vista das tarifas atuais, por um lado, e o trabalho que realizamos, por outro, o que você consideraria um grau razoável de remuneração?"

Uma pergunta assim fará a pessoa buscar uma solução para o problema, em vez de sujeitar você a mais ataques desnecessários. Outra boa variação disso é pedir para a pessoa se colocar no seu lugar – e pedir o conselho dela: "Se tivesse de escolher entre *Batman*, de Scott Snyder, e *Batgirl*, de Gail Simone, o que você faria?"

Faça a pessoa ver o problema do seu ponto de vista e depois escute o que ela tem a dizer. Ela pode oferecer uma solução que vale a pena considerar.

A segunda estratégia, talvez o método mais eficiente que você pode usar para interromper um ataque, é um velho truque jornalístico: fique quieto.

Se a pessoa que está atrapalhando você tiver lhe dito algo absolutamente louco, em vez de responder com argumentos racionais, apenas olhe para ela e fique quieto. O mesmo se aplica se você tiver lhe perguntado alguma coisa que considere que ela ainda não respondeu totalmente. Espere pelo fim.

O silêncio onde você a deixará será a armadilha para capturá-la. A maioria das pessoas acha o silêncio desconfortável e começará a falar de novo simplesmente para rompê-lo, especialmente sabendo, lá no fundo, que aquilo que respondeu não fez um sentido completo. Se começar a fazer a próxima pergunta imediatamente, ou continuar a falar, você a deixará segura sem motivos. Seja paciente. Algumas das informações mais importantes que obterá serão suas se você souber esperá-las.

4.11 A guerra do poder

Sempre haverá gente disposta a usar truques feios para desequilibrar você. Há várias táticas testadas e experimentadas que podem ser usadas para obter vantagem desonestamente, como submeter você a desconforto físico ou pressão psicológica, o que dificultará ainda mais os seus pensamentos. É o tipo de guerra que você nunca deve aceitar.

Pode parecer muito inocente, como se fosse completamente involuntário. É pura coincidência que a cadeira onde você está sentado na sala da sua nova chefe seja mais baixa do que a dela e que o sol esteja batendo bem no seu rosto no exato momento em que a sua negociação de pagamento está prestes a começar? É claro que pode ser mesmo coincidência, mas não importa se ela fez ou não de propósito. De qualquer maneira, isso exercerá um impacto negativo na sua capacidade de sustentar uma conversa sensata.

Manipular as pessoas assim é uma insensível trama psicológica para levar vantagem numa discussão séria. Sempre que estiver numa situação que esteja cheia de fontes externas de estresse que não precisam estar presentes, como uma sala de reuniões quente demais, fria demais, escura demais ou barulhenta demais, reclame. Não importa se você considere intencional ou não. Não aceite circunstâncias que surtam um efeito negativo em você. Se estiver sentado de frente para o sol, que bate diretamente nos seus olhos, você ficará distraído demais para se expressar adequadamente. Sugira uma pausa, uma mudança de lugar, uma data diferente ou outra coisa que lhe propicie as condições necessárias para uma reunião melhor. Se acontecer de o ambiente desconfortável não ter sido provocado intencionalmente, você terá feito um favor às outras pessoas da reunião, já que provavelmente elas também estavam incomodadas pelas condições em questão.

Se perceber que algo na verdade foi um ataque abusivo planejado, comente, mas aja como se jamais tivesse notado que foi de propósito. Suponha inocentemente que há alguma explicação racional e objetiva: "Considerando o número de cadeiras na sala, acho que um de nós terá de sentar naquela com a tachinha em cima. Suponho que vamos nos revezar e vocês sentarão nela amanhã". Ou explique que os truques deles impossibilitarão a sua participação: "Desculpe, o sol está batendo no meu rosto, o que causa uma enorme distração. Gostaria de sugerir que fôssemos para outra sala ou adiássemos a reunião até que o sol não esteja mais batendo aqui".

Esse tipo de reação transmite elegantemente que você está ciente do jogo deles e está desafiando tal trama infantil, enquanto lhes concede a oportunidade de se salvarem e mudarem a situação, removendo a tachinha, conseguindo mais cadeiras ou abaixando as persianas.

Se, ao contrário, você falasse que estão usando truques injustos de propósito, isso apenas os forçaria a fingir que não estavam discriminando você com algum tipo de tratamento especial e que sempre agem assim. E isso significa que precisarão continuar a tratar você mal exatamente desse jeito todas as vezes em que se reunirem, só para serem coerentes.

Esse tipo de guerra pode, como eu disse, também ser travada em âmbito psicológico. Uma técnica comum para impedir você de pensar claramente é montar um ataque à sua autoconfiança. Isso pode ser muito sutil, por meio de insinuações e linguagem corporal incisiva. Pode ser tão inocente quanto um comentário sobre a sua barba por fazer ou você estar parecendo ter passado a noite em claro: "Você parece meio abatido, está muito ocupado no trabalho? Alguma dificuldade?"

Outras maneiras de atacar o seu prestígio social é o seu interlocutor fazer você esperar, sugerindo que ele é mais importante do que você, ou interromper você para falar com outra pessoa. (Um famoso diretor de uma gravadora sueca sempre leva o seu telefone quando está na televisão. Se tocar, o que sempre acontece, ele atende, mesmo se estiver no meio de uma entrevista ao vivo. É claro que é muito magnânimo da parte dele ser assim tão disponível a qualquer momento, mas, ao mesmo tempo, também é um modo um tanto óbvio de lembrar à produção do programa quem é que manda.) Ou afirmarem que não sabem o que você está falando, recusarem-se a ouvi-lo ou fazerem você ser repetitivo. Uma outra variação horrível desse terrorismo psicológico é recusarem-se a fazer contato ocular com você. Não há nada que faça você se sentir tão pequeno e insignificante quanto alguém que não corresponda ao seu olhar ou nem olhe para você.

Esses truques são usados para deixar você inseguro e desconfortável, o que abala as suas opiniões e a certeza do seu próprio valor. Você precisa tratar essa questão do mesmo modo que agiria se fosse submetido a desconforto físico. Não aceite ficar esperando, ser interrompido a todo momento por conversas com outras pessoas ou que a pessoa com quem esteja falando pareça não estar ouvindo você. Deixe claro que você está ciente do que está acontecendo e que não aceitará: "Percebo que você está muito ocupado com outros assuntos que precisa resolver agora, então sugiro que adiemos esta reunião para uma ocasião em que tenha mais tempo para ouvir o que estou dizendo. Telefonarei para você".

Pode parecer arriscado sair de uma reunião que seja muito importante para você. Mas, se o seu interlocutor souber que a reunião é importante para você, ele poderá tratá-lo como quiser se achar que você está nas mãos dele. Ao avisar que você tem outras coisas para fazer e está disposto, inclusive, a sair da sala se não for tratado com respeito, você adquirirá mais prestígio aos olhos dele, tornando-se alguém em quem ele esteja sinceramente interessado. Se ele não concordar em tratá-lo como você exige, por exemplo, insistindo que você continue na reunião, fique sabendo que se trata de alguém com quem será impossível estabelecer uma cooperação. Evite ao máximo essa pessoa futuramente até que ela amadureça. Quase sempre há outra pessoa que pode oferecer a mesma coisa, em quem valha a pena investir o seu tempo e energia.

4.12 O melhor plano b

Deixei a técnica mais importante para o final. Essa técnica não apenas operará milagres em confrontos importantes, mas também quando houver uma negociação traiçoeira à sua espera. Se você usá-la com coerência, ficará mais fácil tomar todas as suas decisões para o resto da sua vida. Você jamais precisará se preocupar se fez a coisa certa. Eu sei que são palavras bombásticas, mas confirmo todas elas.

O truque é perceber a sua melhor opção com antecedência, caso as coisas não saiam como o planejado. Na vida diária, você já usa essa técnica sem pensar: se tiver marcado um encontro com Vincent, e ele se atrasar duas horas, talvez você comece a pensar se não teria sido melhor chamar Zack. E é bom que você pense assim. Senão, você corre o risco de aceitar o comportamento grosseiro de Vincent, mesmo se ele fizer isso uma segunda ou terceira vez, já que você não sabe o que fazer – não sabe qual é o seu plano B para Vincent. Se não estiver acostumado a pensar em termos de opções viáveis, você pode até achar que não tem opção e que precisa aceitar as coisas do jeito que estão. Mas dificilmente é o caso.

Em qualquer situação importante, você não deve apenas decidir o que mais deseja, mas também identificar a sua segunda melhor opção. Enquanto faz isso, você também deve decidir o que está disposto a sacrificar para conseguir a sua primeira opção antes que a segunda torne-se a opção mais atraente para você.

Pensar nisso com antecedência proporciona uma liberdade fantástica, tanto em termos mentais quanto em termos de espaço para manobras. Idealmente, você gostaria de sair com Vincent, mas você também decidiu que, se ele não respeitar o seu trato como você deseja, deixando-a esperando por muito tempo, será a hora de recorrer à sua segunda opção, que é Zack. Se tiver decidido isso antes de aceitar o encontro, você também saberá desde o início o que aceitar ou não. Você evitará fazer concessões indesejáveis (como esperar por horas) e saberá exatamente quando chegar a hora de passar para a sua segunda opção.

É claro que isso não se aplica apenas a namoros. Suponhamos que você esteja envolvido em negociações de pagamento. Decida antes da hora qual valor de aumento você acha praticavelmente mínimo. Qual é a sua próxima opção, se não conseguir esse aumento? Talvez pedir um cargo diferente? Ou procurar outro emprego? Quando souber o que é, você também saberá em que ponto da discussão você desejará recorrer à segunda opção, ou seja, o exato segundo em que ficar claro que o seu chefe não pagará o que você considera o mínimo.

Também é importante que você defina com clareza as suas melhores opções, já que pode ocasionalmente ficar envolvido demais no que está fazendo, achando que é a coisa mais importante do mundo, algo que você simplesmente precisa ter a qualquer preço. Mas, depois, ao pensar melhor na situação, você notará que poderia ter agido de outro modo. Não precisava ter corrido tanto atrás do ônibus a ponto de perder o fôlego, poderia ter esperado o próximo.

O motivo para ser tão absorvido pelo que está na sua frente é ter investido tanto nisso. Você tomou a decisão e não quer reconsiderar. Sem uma alternativa clara, você corre o risco de concordar com algo que deve rejeitar, como um aumento insuficiente. E, se tiver identificado o seu melhor plano B, também ficará mais fácil aceitar o que deve ser aceito, porque você sempre conseguirá comparar a situação à sua alternativa e ver que a oferta atual na verdade ainda é a melhor.

Declarar as suas opções também dá alguma perspectiva necessária para a sua situação. Pode ser que você tenha sido ingênuo e otimista demais, achando que existiam muito mais opções disponíveis do que de fato existiam. Ou talvez haja várias opções ótimas, o que torna a sua posição muito mais forte do que você achava.

Quanto melhores forem as suas opções, mais poder você terá. O verdadeiro poder detido pelos dois lados de uma negociação é principalmente um fator do grau de interesse que cada parte tem de chegar a um acordo. Em outras palavras, o grau de força da opção de reserva. Isso se aplica quando você está pechinchando a compra de uma manta numa praia da Tailândia e também quando está negociando com um fornecedor novo ou pleiteando um emprego. Pense nisso. Qual seria a diferença entre ir a uma entrevista de emprego sem outras opções disponíveis e você já saber que lhe ofereceram um cargo em outro lugar? Como seriam as negociações na primeira situação, comparada à segunda? Ter sempre uma boa segunda opção é uma grande fonte de poder.

Às vezes pode ser uma boa ideia revelar ao seu oponente qual é a sua segunda melhor opção. Pode ser melhor que Vincent saiba que você está preparada para telefonar para Zack a qualquer momento do que nem saber que você tem outras opções além dele, por exemplo. Mas isso apenas é útil se a sua segunda chance for forte o bastante. Se não for, ou for até pior do que o seu oponente acha, não a mencione. Isso apenas enfraqueceria a sua posição na barganha. Se Vincent souber que você pode chamar Zack, poderá ser suficiente para ele melhorar. Mas, se ele souber que a sua única opção além de sair com ele é uma maratona de seriados na televisão, a situação voltará a ficar a favor dele. (Até ele descobrir que é uma maratona de *Buffy – A Caça-Vampiros*, o que significa que você voltará a dar as cartas e que ele precisará fazer tudo o que puder para provar que ele é a melhor opção.)

Embora eu use exemplos cotidianos, espero que você entenda que será mais importante usar essa técnica quanto maior for o significado de uma situação para você. Se tiver uma negociação séria em vista e ainda não tiver formulado um plano B sólido, é melhor desistir. E não se limite a analisar as suas opções. Comece a se preparar para a possibilidade de precisar tomar providências. Telefone para Zack e descubra as intenções dele com antecedência. Fale com outras empresas e descubra se alguma está interessada em contratar você. Use o seu dinheiro, tempo, ideias e contatos para desenvolver e melhorar ainda mais as suas opções. Depois de você mesmo perceber tudo isso, como eu falei, saberá o que aceitar como oferta mínima, mas, ao desenvolver essa opção para deixar as coisas mais interessantes, você também elevará o nível das suas exigências mínimas.

Lembre-se de que a pessoa com quem estiver negociando também tem uma segunda melhor opção. Quanto mais você puder saber sobre ela, mais controle terá sobre a situação. Assim você saberá o que esperar dela durante a sua negociação. Ao mesmo tempo, você também conseguirá medir se as opções dela são realistas. Se você souber que não são tão boas quanto ela pensa, informe a ela. Ela acha que pode telefonar para Zack se você se atrasar de novo, mas você sabe que Zack reatou com Aerith. É claro que você deve informar isso. Se conseguir reduzir as expectativas do seu oponente em relação às opções dele, você levará vantagem.

Lembre: Quanto maior a sua facilidade de abandonar uma negociação numa luta de poder sem se estressar, sabendo que tem uma alternativa forte ao seu dispor, maior o seu poder de influenciar o resultado e conseguir o que quer.

MAIS UMA VIDA!

Às vezes a alternativa da outra pessoa é tão boa que ela nem vai querer falar com você. A sua oferta é, de cara, a pior opção. Nesse caso, você deve usar a mesma técnica do item 2.14 e enfraquecer a primeira escolha dela até que a sua oferta torne-se a mais interessante. Suponhamos que você seja membro de um grupo interessado em protestar contra o plano de construir uma fábrica poluente na região. Ou você deseja que uma empresa cancele o acordo com os seus concorrentes e procure você. A fábrica e a empresa não terão motivos para ouvir você se estiverem satisfeitas com a situação atual. Mas, se você ajuizar um processo pleiteando a revogação da licença de construção da fábrica ou conseguir provar que o seu concorrente não cumprirá o que prometeu, conseguirá desvalorizar a primeira opção e despertar o interesse delas para ouvir a sua oferta.

Ou, como Zack disse sobre Vincent: "Ele não é bom o bastante para você".

CONQUISTA DESBLOQUEADA ÚLTIMO CHEFÃO DERROTADO!

NÍVEL MAIS AVANÇADO!

Parabéns! Você concluiu um ótimo jogo! E provou a justiça da nossa cultura. Agora vão e descansem, nossos heróis!

Ghostbusters

A maior parte deste livro foi escrita em camarins, bastidores e quartos de hotéis (até no assento traseiro de um Audi A4 Avant de madrugada, numa viagem entre duas cidadezinhas da Suécia) durante a turnê do meu *show In Your Head*. Nos teatros que visitamos em toda a Suécia, vi os Jogos de Poder serem praticados com muita competência por pessoas de uma área muito específica de trabalho: técnicos de palco e teatro.

Os técnicos de teatro em geral trabalham sob considerável pressão. Não em todos os teatros, vale dizer. Mas, em muitos, os técnicos são, de certa forma, considerados *pobres-diabos* pelos superiores na hierarquia teatral – sem falar dos artistas convidados – e, na maior parte do tempo, vistos como pessoas que devem obedecer às ordens.

Mas, ao mesmo tempo, são os técnicos que mais estão familiarizados com as condições específicas em cada teatro e, para ser honesto, são as pessoas que fazem os espetáculos acontecerem. Isso obrigou muitos desses técnicos a serem jogadores de elite dos Jogos de Poder, especialmente nas partes que envolvem deixar as pessoas no topo para acreditarem que estão mesmo mandando no espetáculo. Achei muito interessante observar como as decisões tomadas pelos maiorais em geral eram exatamente o resultado que os técnicos desejavam o tempo todo. E, enquanto tudo isso acontecia, eu estava a menos de três metros de distância, escrevendo um livro sobre como fazer exatamente aquilo.

Estou contando isso principalmente para ter a oportunidade de me vangloriar por ter terminado outra turnê de teatros lotados em todo o país, apresentando o meu tipo particular de ilusionismo. Mas também gostaria de chamar atenção para algo que mencionei nas primeiras regras do jogo deste livro: não importa quem você seja nem o que faça, você encontrará serventia para os Jogos de Poder. Eles não apenas ajudarão a melhorar a sua vida, como ela passará a ser mais eficiente, de maior escopo e definitivamente mais divertida.

Meu bom amigo PaRappa the Rapper costuma resumir essa filosofia de vida, exclamando constantemente: "Você tem que acreditar!" E é claro que você será um jogador melhor dos Jogos de Poder se também acreditar nas coisas que fala e faz. Todas as técnicas deste livro podem não se adequar pessoalmente a você. Se algumas delas o deixarem desconfortável, não se obrigue a usá-las exatamente do mesmo modo em que foram escritas. Experimente e mude-as até que encaixem melhor. Você precisa encontrar as suas maneiras pessoais de jogar os Jogos de Poder.

Como sempre acontece quando tentamos algo novo, é fácil acreditar que o mundo inteiro conseguirá perceber exatamente o que estamos fazendo. Mesmo se você notar, em termos racionais, que ninguém está prestando atenção ao que você faz e que o mundo dificilmente repara se você se barbeou ou não, nem sempre é o que sentimos, especialmente quando você está experimentando técnicas novas na área de interação humana. Assim, é fácil achar que você será desmascarado a qualquer momento.

Relaxe. Lembre-se de que esses pensamentos estão todos na sua cabeça. Não estão na cabeça de mais ninguém. Se você pensar bem, qual seria a pior coisa que poderia acontecer? Se você esquecer o que ia dizer, enrolar a língua ou não conseguir se expressar com clareza, o máximo que acontecerá é precisar falar outra vez. Ninguém será ferido, morto nem preso. O pior que poderia acontecer é alguém achar que você agiu de modo meio estranho por um segundo.

Você pode discordar, argumentando que o pior não seria tropeçar nas palavras, mas sim alguém flagrar você tentando influenciá-lo. Concordo que isso talvez fosse pior, mas esse ponto também é inteiramente teórico. Ninguém jamais vai chamar você para criticar o seu sorriso contagiante e o seu uso sutil da palavra "e". Simplesmente não acontecerá pelo mesmo motivo que justifica por que essas técnicas funcionam, em primeiro lugar: estamos longe de observar tanto as pessoas como imaginamos. E se alguém questionar o seu comportamento (mas, como eu disse, isso não acontecerá), é sempre possível sorrir e responder: "Hã? Eu achei que era você quem estava tentando me manipular!"

Agora que passamos todas essas páginas juntos, discutindo os Jogos de Poder, espero que tenha ficado totalmente claro que o poder não é algo que se toma. É algo que as outras pessoas dão a você. Desculpe por ser repetitivo, mas é importante. Concedemos poder às pessoas que consideramos confiáveis e carismáticas e que pareçam equilibradas. Pessoas seguras o suficiente a ponto de não sentirem a necessidade de se exibir por aí. Pessoas que ficam à vontade em situações diferentes, mas não esquecem de respeitar os outros. Seguras de si mesmas, mas não metidas.

Muitos cometem o erro de tentar impressionar os outros batendo no peito e gritando: "Estou aqui! Olhem todos para mim! Vejam o que posso fazer!!!" Mas não desejamos dar a nossa confiança ou o nosso poder a pessoas assim. Pessoas assim precisam roubá-los.

Porém, ficamos absolutamente felizes em dar todo o poder possível, voluntariamente, a alguém que seja seguro o bastante para dizer: "Oi, é *você*! É tão bom ver você, sente aqui! *Eu posso ajudar você*?"

É realmente necessário jogar esses tipos de Jogos de Poder? Não podemos relaxar e sermos nós mesmos? É claro, acho que você deve ser sempre você mesmo em todas as circunstâncias. Até digo que você deve ser o melhor possível. Mas, ainda assim, quem você é e onde você está na vida dependem amplamente de como percebe e utiliza (ou deixa de perceber e utilizar) as redes e relações sociais que existem ao redor. Por isso é tão importante saber como os Jogos de Poder são jogados e conseguir jogá-los de modo que todos os envolvidos vivam uma experiência positiva.

Compare as duas situações seguintes: o seu colega George (sim, teremos um último encontro com George antes do fim) como sempre conseguiu influenciar você a fazer o que ele queria, atazanando e pressionando. Você fez principalmente porque queria que ele ficasse quieto. Você fica meio incomodado porque George não é mais sensível às necessidades dos outros. George pode conseguir as coisas exercendo poder, mas o preço é que os envolvidos não ficam nada felizes. Certo dia, ele procura você e diz que precisa da sua ajuda. Você estará disposto a ajudar alguém como ele nessa situação? É fácil adivinhar. De repente, a sua agenda estará cheia até março do ano que vem. No mínimo.

E aí você também conhece outro cara, John, que também procurou você e também precisa de ajuda. Assim que ouve a voz dele ao telefone, você se lembra de toda a alegria que sentiu ao conhecê-lo, como ele sempre parece entender o que você quer dizer e como trabalharam bem juntos. Você faria o possível (até o impossível) para ajudar John. Ele nem precisaria pedir. É claro que você sempre desejaria ajudá-lo. Agenda cheia de compromissos? É claro que você poderia achar uma brecha.

Sempre que conhece alguém, você é George ou John (ou Georgina ou Joana, se preferir) aos olhos da pessoa e será tratado assim. Alguém irritado pode não importar tanto, contanto que você consiga o que deseja. Mas você conhecerá milhares de pessoas na sua vida. Então, multiplique as reações que George e John receberam por milhares e pense em como você quer que as coisas sejam. Fica mais importante ao pensar assim, certo?

Ninguém chega ao topo sozinho e isso se aplica a você também, não importa qual "topo" você queira conquistar. Os grandes vencedores na vida são aqueles que usam os Jogos de Poder *através* das pessoas, os jogadores de poder que conseguem cativar a alma e o coração das pessoas ao redor e são levados ao topo de qualquer escada que tenham escolhido subir sobre os ombros dos seus novos amigos.

Você já tem pessoas ao redor. Elas podem até estar em volta, esperando você. Então, encontre a sua escada, leve-a e mostre a todos como está feliz em vê-los. Os jogos mais divertidos e úteis que você jogará são os Jogos de Poder e você já pressionou o botão "iniciar".

Agora pressione "para cima", "para cima", "para baixo", "para baixo", "esquerda", "direita", "esquerda", "direita", "b", "a"...

Henrik Fexeus

Hammarby Sjöstad

**...e assim termino, percebendo que talvez
o fim ainda não tenha sido escrito.**
Atrus, Myst

JOGO SALVO

QUER JOGAR OUTRA VEZ?
SIM/NÃO

A arte de ler mentes
Como interpretar gestos e influenciar pessoas sem que elas percebam
Henrik Fexeus

Leitura da mente não é um mito, e nem é mais misterioso do que entender o que alguém está dizendo ao falar conosco. Esse livro tem tudo o que você precisa saber para se tornar um especialista em leitura da mente. Usando habilidades como comunicação não verbal, linguagem corporal e influência psicológica podemos descobrir o que a outra pessoa pensa e sente e, assim, controlar seus pensamentos e crenças da maneira que quisermos. Pode ser muito mais fácil do que você pensa! A leitura, em tese, é algo que fazemos com os olhos (embora alguns sejam capazes de ler com a ponta dos dedos!). Então, precisamos ser capazes de ver o que estamos lendo. E o que podemos ver são os modos pelos quais os nossos processos de pensamento afetam nosso corpo e nosso comportamento. Acredite: você não pode pensar nada sem que isso surta algum efeito nos seus processos biológicos e, consequentemente, no seu exterior.

Nesse livro, o autor introduz uma nova forma de fazer leitura da mente que você poderá colocar em prática em todos os aspectos da sua vida diária, como entrevistas de emprego, em um primeiro encontro, para fazer propostas ao seu chefe, e em todas as situações sociais em que você desejar influenciar outras pessoas.

Com a caixa de ferramentas – as informações e os exercícios – desse livro, em breve, você será capaz de saber muito, em poucos segundos, sobre alguém que acabou de conhecer. Postura corporal, entonação da voz, ritmo, olhares e gestos revelam o que uma pessoa sente, e, muitas vezes, esses gestos vão estar em conflito direto com a mensagem que ela está expressando em palavras.

Henrik Fexeus nasceu em 1971, em Örebro, na Suécia, e hoje vive em Estocolmo. Foi uma criança diferente e difícil desde o começo. Ao ir para a escola, começou a interessar-se pela magia. Isso fez de seus anos na escola um verdadeiro teste, não tanto para ele próprio, mas para as outras crianças. Na adolescência, descobriu que a mágica é, realmente, uma espécie de influência inconsciente, uma maneira de controlar o que os outros acreditam e o modo como agem. Ainda hoje ele se pergunta por que ninguém lhe disse, na época, como esse conhecimento era útil para abordar as garotas. Dedicou-se a conhecer o modo como influenciamos uns aos outros, estudou comunicação, habilidades mentais como hipnose, teatro, mágica e psicologia, além da influência da mídia, da publicidade e propaganda e o mimetismo. Algumas pessoas acham que ele é um homem perigoso, por causa de suas habilidades, mas o autor prefere descrever-se como um indivíduo legal e tranquilo, e afirma que gosta das pessoas, especialmente daquelas que fazem o que ele deseja que façam.

Quando você faz o que eu quero
Como você toma suas decisões e como pode influenciar a decisão dos outros
Henrik Fexeus

Do mesmo autor do best-seller *A arte de ler mentes*, Henrik Fexeus fa agora sobre a influência e sobre como podemos lidar com ela. Segundo autor, do momento em que abre os olhos pela amanhã até quando vai dorm você está exposto a um fluxo interminável de tentativas de persuasão influência. E é claro que você, por sua vez, influencia as coisas ao redor com seus atos.

Com seu estilo inconfundível e cheio de humor, Fexeus mostra com funciona esse belo ciclo de *feedback*, apresenta fatos fascinantes e diversa técnicas de manipulação, e oferece as ferramentas certas para que você perce ba quando alguém está tentando influenciá-lo.

Segundo ele: "As técnicas que você precisa para mudar as atitudes opiniões dos outros estão aqui. Talvez quem precise mudar seja você, e voc gostaria de melhorar a sua autoimagem. Espero que, depois de ler este livro seja mais fácil perceber quando alguém está tentando influenciar você a faze algo que não deseja. E em todos esses casos o motivo para o seu comporta mento de fato nada tem a ver com as suas próprias preferências ou opiniões, sua atitude nada mais é do que o resultado do esforço de *outra pessoa* para fazer você agir assim. Ao estar ciente disso, torna-se mais fácil recuar e pensa se você quer mesmo comprar aquele objeto ou concordar com aquela ideia".

Henrik Fexeus nasceu em 1971, em Örebro, na Suécia, e hoje vive em Estocolmo. Foi uma criança diferente e difícil desde o começo. Ao ir para a escola, começou a interessar-se pela magia. Isso fez de seus anos na escola um verdadeiro teste, não tanto para ele próprio, mas para as outras crianças. Na adolescência, descobriu que a mágica é, realmente, uma espécie de influência inconsciente, uma maneira de controlar o que os outros acreditam e o modo como agem. Ainda hoje ele se pergunta por que ninguém lhe disse, na época, como esse conhecimento era útil para abordar as garotas. Dedicou-se a conhecer o modo como influenciamos uns aos outros, estudou comunicação, habilidades mentais como hipnose, teatro, mágica e psicologia, além da influência da mídia, da publicidade e propaganda e o mimetismo. Algumas pessoas acham que ele é um homem perigoso, por causa de suas habilidades, mas o autor prefere descrever-se como um indivíduo legal e tranquilo, e afirma que gosta das pessoas, especialmente daquelas que fazem o que ele deseja que façam. É autor de A arte de ler mentes, *best-seller traduzido em dezenas de países*.

CULTURAL

Administração
Antropologia
Biografias
Comunicação
Dinâmicas e Jogos
Ecologia e Meio Ambiente
Educação e Pedagogia
Filosofia
História
Letras e Literatura
Obras de referência
Política
Psicologia
Saúde e Nutrição
Serviço Social e Trabalho
Sociologia

CATEQUÉTICO PASTORAL

Catequese
  Geral
  Crisma
  Primeira Eucaristia

Pastoral
  Geral
  Sacramental
  Familiar
  Social
  Ensino Religioso Escolar

TEOLÓGICO ESPIRITUAL

Biografias
Devocionários
Espiritualidade e Mística
Espiritualidade Mariana
Franciscanismo
Autoconhecimento
Liturgia
Obras de referência
Sagrada Escritura e Livros Apócrifos

Teologia
  Bíblica
  Histórica
  Prática
  Sistemática

VOZES NOBILIS

Uma linha editorial especial, com importantes autores, alto valor agregado e qualidade superior.

REVISTAS

Concilium
Estudos Bíblicos
Grande Sinal
REB (Revista Eclesiástica Brasileira)
SEDOC (Serviço de Documentação)

VOZES DE BOLSO

Obras clássicas de Ciências Humanas em formato de bolso.

PRODUTOS SAZONAIS

Folhinha do Sagrado Coração de Jesus
Calendário de mesa do Sagrado Coração de Jesus
Agenda do Sagrado Coração de Jesus
Almanaque Santo Antônio
Agendinha
Diário Vozes
Meditações para o dia a dia
Encontro diário com Deus
Guia Litúrgico

CADASTRE-SE
www.vozes.com.br

EDITORA VOZES LTDA.
Rua Frei Luís, 100 – Centro – Cep 25689-900 – Petrópolis, RJ
Tel.: (24) 2233-9000 – Fax: (24) 2231-4676 – E-mail: vendas@vozes.com.br

UNIDADES NO BRASIL: Belo Horizonte, MG – Brasília, DF – Campinas, SP – Cuiabá, MT
Curitiba, PR – Fortaleza, CE – Goiânia, GO – Juiz de Fora, MG
Manaus, AM – Petrópolis, RJ – Porto Alegre, RS – Recife, PE – Rio de Janeiro, RJ
Salvador, BA – São Paulo, SP